AF305931

8°V
21684

(Conserver la couverture)

EXPOSITION UNIVERSELLE INTERNATIONALE DE 1889

A PARIS

CATALOGUE GÉNÉRAL

OFFICIEL

MANUFACTURES NATIONALES

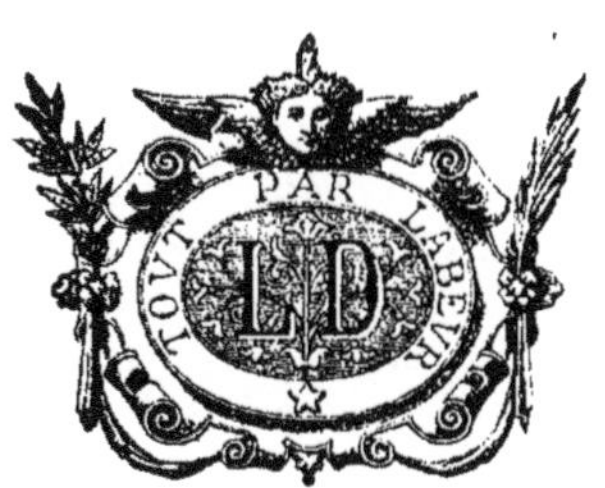

LILLE

IMPRIMERIE L. DANEL

M DCCC LXXXIX

8°V
21684

EXPOSITION UNIVERSELLE DE 1889.

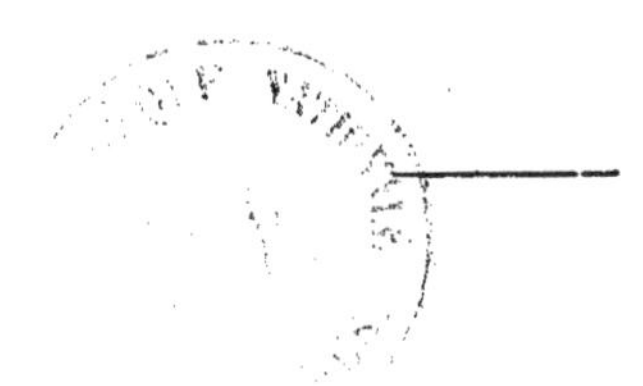

MANUFACTURES NATIONALES.

DIRECTION DES BEAUX-ARTS.

MANUFACTURES NATIONALES.

Les Manufactures Nationales de Sèvres, des Gobelins, de Beauvais et de Mosaïque sont placées sous la surveillance de la direction des Beaux-Arts et ressortissent au bureau des Travaux d'Art, des Expositions et des Manufactures Nationales, qui est chargé de contrôler leur gestion, de proposer la répartition de leurs produits et de liquider leurs dépenses.

Les crédits annuels sont de **997,320** francs, ainsi divisés :

Sèvres	**624,450** francs.
Les Gobelins	**231,520** »
Beauvais	**116,350** »
Mosaïque	**25,000** »

Aucun travail ne peut être exécuté, aucune commande ne peut être acceptée sans l'autorisation du Ministre. Les produits non réservés pour les musées, les collections et la décoration des édifices de l'État, peuvent être vendus au public ; le produit des ventes est versé mensuellement à la Caisse centrale du Trésor public.

Les personnes qui désirent suivre les travaux des ateliers doivent se pourvoir d'une autorisation ministérielle et se conformer au règlement intérieur des diverses manufactures. Les ateliers de fabrication et les musées de Sèvres, des Gobelins et de Beauvais sont ouverts au public.

Le personnel des Manufactures est employé à titre fixe ou à l'extraordinaire ; la première catégorie subit la retenue légale sur les appointements, et a droit à une pension de retraite comme les autres employés de l'État.

Chaque établissement a son école et forme des artistes; l'enseignement est donné dans l'école et dans les ateliers.

Des commissions permanentes de perfectionnement sont instituées auprès des diverses Manufactures. Le Ministre les préside et les consulte sur les travaux et sur l'organisation intérieure.

ADMINISTRATION CENTRALE.

MM. **Fallières**, Membre de la Chambre des Députés, Ministre de l'Instruction publique et des Beaux-Arts.

G. Larroumet, Directeur des Beaux-Arts.

Baumgart, Chef du bureau des Travaux d'Art des Expositions et des Manufactures nationales.

Bigard-Fabre, Sous-Chef du même bureau.

COMMISSION DE SÈVRES.

MM. FALLIÈRES, Ministre de l'Instruction publique et des Beaux-Arts, Président.
G. LARROUMET, Directeur des Beaux-Arts, Vice-Président.
BAUMGART, Chef du bureau des Travaux d'Art et des Manufactures nationales, Secrétaire.
BIGARD-FABRE, Sous-Chef du même bureau, Secrétaire-Adjoint.
G. BERGER, Directeur de l'Exploitation de l'Exposition universelle de 1889.
BAPST.
BERTHELOT, Membre de l'Institut.
COMTE (Jules), Directeur des Bâtiments civils et des Palais nationaux.
DUBREUIL, Manufacturier.
GASNAULT, Conservateur du Musée céramique de Limoges.
GOUELLAIN (Gustave), Auteur de travaux sur la céramique.
GRUYER, Membre de l'Institut.
GUILLAUME, Membre de l'Institut.
HACHE, Manufacturier.
HÉBERT, Membre de l'Institut.
LAMEIRE, Peintre.
LOUVRIER DE LAJOLAIS, Directeur de l'École nationale des Arts décoratifs de Paris.
MANTZ (Paul), ancien Directeur général des Beaux-Arts.
MAZEROLLE, Peintre.
ROCHE (Jules), Député.
DU SARTEL, Auteur de travaux sur la céramique.

COMMISSION DES GOBELINS.

MM. FALLIÈRES, Ministre de l'Instruction publique et des Beaux-Arts, Président.
G. LARROUMET, Directeur des Beaux-Arts, Vice-Président.
BAUMGART, Chef du bureau des Travaux d'Art, des Expositions et des Manufactures nationales, Secrétaire.
BIGARD-FABRE, Sous-Chef du même bureau, Secrétaire-Adjoint.
J. BLANC, Peintre.
BOUGUEREAU, Membre de l'Institut.

MM. Comte (Jules), Directeur des Bâtiments civils et des Palais nationaux.
Delaunay (Elie), Membre de l'Institut.
Guiffrey, Archiviste aux Archives nationales.
J.-P. Laurens, Peintre.
Lavastre. Peintre décorateur.
H. Le Roux, Peintre.
Louvrier de Lajolais. Directeur de l'École nationale des Arts décoratifs de Paris
Muntz, Conservateur des collections de l'École des Beaux-Arts.
Rossigneux, Architecte.

COMMISSION DE BEAUVAIS.

MM. Fallières, Ministre de l'Instruction publique et des Beaux-Arts, Président.
G. Larroumet, Directeur des Beaux-Arts, Vice-Président.
Baumgart, Chef du bureau des Travaux d'Art, des Expositions et des Manufactures nationales, Secrétaire.
Bigard-Fabre, Sous-Chef du même bureau, Secrétaire-Adjoint.
Ballu (Roger), Inspecteur des Beaux-Arts.
Comte (Jules), Directeur des Bâtiments civils et des Palais nationaux.
Daumet, Architecte.
Dutert, Architecte, Inspecteur de l'Enseignement du dessin.
François, Peintre.
Galland, Professeur à l'École nationale des Beaux-Arts.
Gérome, Membre de l'Institut.
H. Havard, Inspecteur des Beaux-Arts.
Le Chevallier-Chevignard, Professeur à l'École nationale des Arts décoratifs.
Ouri. Peintre décorateur.
N....
Reiber, Architecte.

COMMISSION DE MOSAIQUE.

MM. Fallières, Ministre de l'Instruction publique et des Beaux-Arts, Président.
G. Larroumet, Directeur des Beaux-Arts, Vice-Président.
Baumgart, Chef du bureau des Travaux d'Art, des Expositions et des Manufactures nationales. Secrétaire.
Bigard-Fabre, Sous-Chef du même bureau, Secrétaire-Adjoint.
Comte (Jules), Directeur des Bâtiments civils et des Palais nationaux.
Guillaume (Eug.). Membre de l'Institut.
Lenepveu, Membre de l'Institut.
Garnier (Ch.), Membre de l'Institut.
Muntz, Conservateur des collections de l'École des Beaux-Arts.
Moyaux, Architecte.
Lameire, Peintre.
Sédille, Architecte.

MANUFACTURE NATIONALE DE SÈVRES.

NOTICE HISTORIQUE ET TECHNIQUE.

I.

Quoique la dénomination « *Sèvres* » soit restée appliquée aux beaux ouvrages de porcelaine tendre qu'on voit dans les grandes collections privées de France et de l'Étranger, le renom des produits, dits de Sèvres, fut dû en partie, au début, à la Manufacture de Vincennes.

Ce fut à Vincennes, en 1745, qu'Orry de Fulvy, frère de l'Intendant des Finances, créa une société d'exploitation financière privée ; mais l'argent n'eût pas suffi. Orry de Fulvy avait groupé autour de lui divers hommes distingués dans les sciences et les arts, notamment Hellot, chimiste, l'orfèvre Duplessis et Bachelier.

En 1753, un arrêt de Louis XV avait déclaré Vincennes « *Manufacture Royale de porcelaine* ». Les ateliers étant trop à l'étroit dans le château, en même temps que trop éloignés de Versailles et de la Cour, Madame de Pompadour, au comble de la faveur à cette époque, s'intéressa à la Manufacture de porcelaine et choisit Sèvres comme siége de l'établissement ; elle voulait faire de la Manufacture naissante un établissement d'État et son but était de lutter avec les fabriques de la Saxe.

Un de ses adversaires le marquis d'Argenson, ministre du roi, opposé à la translation décidée, ne cachait pas ses récriminations et les consignait dans la lettre suivante : « Madame de Pompadour, écrivait-il, ne fait que prêcher le grand avantage qu'il y a pour l'État à faire de la porcelaine à la façon de Saxe et même à la voir surpassée. »

Aux noms célèbres cités plus haut comme se rattachant à la direction de Vincennes, il faut ajouter, pour Sèvres, le directeur Boileau, les sculpteurs Falconnet et Pajou, ainsi que Genest qui fut nommé chef des peintres sous la direction de Bachelier.

Grâce à ces artistes distingués, Louis XV put changer le mode de présents diplomatiques, qui, jusque-là consistaient en pièces d'orfévrerie et qui avaient été offerts aux

Ministres et aux Ambassadeurs étrangers. Il les convertit en dons de porcelaines de Sèvres d'une grande valeur.

Ainsi, lorsque le Roi de Danemark vint visiter la Manufacture, Louis XV lui fit présent d'un service de table de 180 pièces, estimé par Bachaumont 300,000 livres et encore fut-il complété l'année suivante par un envoi de pièces supplémentaires de 32,918 livres.

L'installation de Sèvres avait été très coûteuse. Un registre de la Manufacture mentionne qu'en Mai 1755 les actionnaires durent effectuer le dixième et dernier versement de leur apport social ; à quelques mois de là, la compagnie, fort obérée, fut obligée de contracter un emprunt de vingt mille livres.

Enfin le Roi prit l'entreprise à son compte en Novembre 1759, les actionnaires ayant été obligés de liquider. Par arrêt du Conseil du 17 Février 1760, il révoque tout privilège particulier et décide qu'à l'avenir ladite Manufacture sera administrée pour son propre compte et sous l'autorité du sieur de Courteille, Conseiller d'État et Intendant des Finances.

Madame de Pompadour mourut en **1764**. La disparition de la favorite ne modifia en rien la haute protection de Louis XV pour Sèvres : on voit, au contraire, par un article de journal, le Roi présider lui-même à l'organisation d'une Exposition de porcelaines de la Manufacture.

Plus tard, d'autres protectrices survinrent, entr'autres Madame du Barry ; elle n'eut sans doute pas les grandes vues de Madame de Pompadour, mais elle dépensa de fortes sommes pour décorer ses appartements de Luciennes et surtout les principales pièces de son mobilier : commodes, secrétaires, tables, etc... qu'elle revêtit de plaques de porcelaine de Sèvres.

En 1773, Boileau, directeur de cet établissement, mourut, le laissant dans un état très florissant : mais trois ans après la nomination de Parent son successeur, la Manufacture mal gérée, faiblit et ce fut en 1780 que le comte d'Angiviller, Directeur général des Bâtiments du Roi, fut appelé à l'administrer.

Il s'adjoignit des fonctionnaires qui apportèrent de nombreuses et salutaires réformes.

Louis XVI et Marie-Antoinette organisèrent ainsi que Louis XV des expositions à la Manufacture de Sèvres, dont les produits excitaient toujours l'admiration générale. On y fabriquait encore des ensembles de pièces très importantes, tels que le service de Catherine II, composé de **744** pièces, du prix de **328,188** livres.

Mais la mode allait changer de face, et tous les menus objets d'étagères et d'usage féminin : boîtes de montres, pots pourris, boutons d'habits, boîtes à mouches, pommes de cannes, dés à coudre, etc., qui jusque-là avaient été ornés de peintures et de délicates plaques de porcelaine semblaient devoir disparaître sous les souffles avant-coureurs de la tempête révolutionnaire.

Dès lors, la porcelaine fut appelée à de plus hautes destinées qu'on ne l'avait rêvé jusqu'alors.

« On a fabriqué à la fin de 1783 à la Manufacture de porcelaine de Sèvres, dit le journaliste Métra, un vase d'une forme très grande, d'environ 5 pieds de hauteur et d'un dessin qui ne laisse rien à désirer. Ce morceau rare, dans la composition duquel il est entré pour septante mille livres de matières, était destiné, dit-on, à une cour étrangère. Le Roi se l'est réservé et en a commandé un second vase de même grandeur. Ils serviront l'un et l'autre à l'ornement du Musée des Galeries du Louvre. »

Mais le goût devait sensiblement se modifier : « L'allégorie, de galante qu'elle était, devint philosophique. Sans doute cette philosophie ne manquait pas de charmes ; ce fut l'épicuréisme atteint de sentimentalité », ont dit deux critiques d'art autorisés. (1)

La Révolution trouva Sèvres en proie à un déplorable état des finances. La Manufacture subit pendant cette période une situation des plus critiques ; heureusement un jeune savant se trouva qui, par son caractère, sa bonne gestion administrative, la conduisit jusqu'au 1er Empire.

Toutefois Brongniart dut se plier à l'autoritarisme de Napoléon Ier, qui descendait aux moindres détails et indiquait les plans qu'il fallait suivre. Ce fut ainsi que des sujets classiques et nationaux remplacèrent les peintures tendres et gracieuses de l'ancien Sèvres. On dut, à la volonté du souverain nettement formulée, d'importants meubles historiques dirigés par Percier et Fontaine et exécutés par Isabey et Swebach.

La Restauration n'eut que peu d'influence sur la Manufacture de Sèvres ; cependant il faut citer les grandes plaques sur porcelaines exécutées par Madame Jacquotot, qui devait trouver, à quelques années de là, une émule distinguée dans Madame Ducluzeau.

Au début du règne de Louis-Philippe, l'ébullition des esprits se communiqua aux artistes. On voulut tout réformer à la Manufacture ; en même temps que s'ouvraient des ateliers de peinture sur verre sous l'impulsion d'Eugène Delacroix, des frères Devéria, de Chenavard, etc., des peintres se présentent, qui revêtent certains vases d'empâtements empruntés au domaine de la peinture. On ne croit jamais faire trop riche ; des cabochons de couleur se mêlent à des sujets pseudo-Renaissance ; il ne paraît pas aujourd'hui que ces moyens décoratifs soient regardés dans l'avenir comme des modèles de céramique parfaite.

Les grandes découvertes archéologiques, qui se sont fait jour depuis lors et qui se continuent, les nombreuses publications sur la décoration et le style, les modèles de l'Orient et plus particulièrement de la Perse, offrent à la jeunesse un champ des plus variés.

Un jour viendra où cette prodigalité de richesses contribuera à la création de formes nouvelles et de décors adaptés à ces formes. Les recherches ont été poursuivies plus loin que jamais pendant la période de 1789 à 1889, et malgré tant de motifs qui séparent les hommes, malgré les intérêts qui les divisent, malgré des vues en apparence contradictoires, on peut dire que la Manufacture n'a point oublié les sages et éloquentes paroles que le comte d'Angiviller écrivait en 1783 :

(1) Henri Havard et Marius Vachon. *Les Manufactures nationales.*

« On ne peut pas opposer à la Manufacture de Sèvres ce qu'on dirait d'un entrepreneur particulier, qu'il faut s'assujettir strictement au goût et aux facultés du plus grand nombre des consommateurs ; ce ne peut être là l'objet d'un établissement vraiment royal ; il faut, avec le plus d'ordre et d'économie possible, ce qu'on peut imaginer de plus parfait, et c'est là le but et le caractère dominant de la Manufacture de Sèvres. »

II.

Porcelaine tendre ancienne. — Dès l'apparition en Europe des porcelaines importées de Chine au XVIIe siècle, l'attention des céramistes du continent fut appelée sur cette belle fabrication et aussitôt de nombreuses tentatives furent entreprises pour arriver à reproduire ces poteries blanches à pâte transparente.

Résoudre ce problème était à l'époque chose difficile ; on ignorait, en général, les propriétés des roches, des argiles : la géologie, la chimie étaient en enfance ; malgré ces conditions peu favorables pour une réussite rapide, dès 1695, Morin, à Saint-Cloud parvint à refaire, pour ainsi dire, de toutes pièces, une porcelaine analogue, comme aspect, aux produits de l'Orient, mais qui, en réalité, en était très éloignée comme composition. C'était la porcelaine tendre qui devait quelques années après prendre un si grand renom.

La pâte de cette *Porcelaine artificielle de France* ou *Porcelaine tendre* était composée d'un mélange de sable, de chaux et d'alcali à demi fondus ensemble, puis additionnés d'une faible partie de marne. Sa couverte était un verre fusible à base de plomb très analogue au cristal des verriers. Cette porcelaine avait l'aspect des plus belles productions de Chine et pouvait être décorée avec grand éclat, mais elle ne présentait pas les qualités de solidité et de dureté de celle de l'Orient.

Porcelaine dure. — Aussi, convaincu par les travaux de Macquer que cette porcelaine était toute différente de celle que l'on voulait imiter, reprit-on les recherches avec persévérance et opiniâtreté. On savait par les lettres du P. d'Entrecolles que la porcelaine de Chine était composée d'argiles blanches et de roches fournies par la nature (Kao-lin, Pe-tun-zé).

Ces matières étaient inconnues dans notre pays ; mais en 1765 Guettard découvrit aux environs d'Alençon un gisement de kaolin ; il était de qualité inférieure et impropre à faire une belle porcelaine. Ce ne fut que lorsque Macquer, en 1768, se fut rendu compte de la richesse des carrières de Saint-Yrieix, qu'on fut à même en France de fabriquer la *Porcelaine dure*, qui remplaça bientôt totalement à Sèvres la porcelaine tendre.

La composition de cette porcelaine dure resta indécise pendant plusieurs années. Elle fut définitivement établie par Brongniart, qui lui donna, en 1836, une formule

scientifique encore aujourd'hui en usage. Depuis lors de nombreux perfectionne-
ments furent apportés à la fabrication de la porcelaine dure à Sèvres; entre autres,
on y étudia la cuisson par la houille remplaçant le bois et les procédés de façonnage
par le coulage.

Pâtes sur Pâtes. — Vers 1848, on créa un nouveau procédé de décoration
au grand feu, le procédé des pâtes sur pâtes, et l'on fit toute une palette de pâtes
colorées. Ce mode de décoration, considéré comme un grand progrès, obtint, pendant plusieurs années, un assez grand succès ; mais des critiques sérieuses firent
voir que ce procédé avait bien des côtés défectueux.

Dès 1875, dans son Rapport adressé au Ministre de l'Instruction publique, M. Duc
disait, d'après les observations faites par M. Deck : « Les fonds de pâte de couleur sur lesquels on décore la porcelaine sont généralement lourds, froids de ton,
sans transparence ni profondeur, et, presque toujours, d'une couleur désagréable,
résultat forcé d'un engobage d'une pâte colorée. »

Et sur le conseil de M. Deck, il concluait en proposant de supprimer les pâtes de
couleur, sauf à les remplacer par des émaux transparents de grand feu, de créer une
porcelaine propre à être recouverte par des vrais émaux transparents et de rechercher
le rouge flambé de Chine.

Pâte nouvelle. — Ces deux dernières questions furent étudiées et résolues à
Sèvres sous la direction de M. Lauth.

Créer, comme on le demandait, une porcelaine propre à être recouverte de vrais
émaux transparents, c'était désirer se rapprocher plus de la nature de la porcelaine chinoise que ne le faisait la porcelaine dure de Sèvres, absolument impropre à
ce genre de décoration. La fabrication d'une porcelaine répondant à ce désir fut,
après des recherches précises, établie à Sèvres sous le nom de *Porcelaine nouvelle* :
elle fut consacrée par le succès qu'elle obtint à l'Exposition des Arts décoratifs de
1884. Couvertes, émaux transparents de four et de demi grand feu, peuvent orner
cette porcelaine dont l'effet décoratif ne le cède en rien à celle de la Chine.

La porcelaine nouvelle fait maintenant partie de la fabrication courante de
la Manufacture.

Grosse porcelaine. — Appelé à la direction de Sèvres, M. Deck ne pouvait
manquer d'appliquer les avis qu'il donnait à la Commission de perfectionnement, au
sujet des émaux transparents et surtout au sujet des céladons chinois : « Pour ces
sortes d'émaux colorés, disait-il, on pourrait créer des vases d'un ordre tout spécial,
ornés d'arabesques ou d'ornements de toute sorte, gravés ou en reliefs légers,
de façon que les parties plus creuses recevant une plus grande épaisseur d'émail
fissent apparaître très douce l'ornementation ; l'artiste pourrait graver directement
dans la pâte en donnant libre cours à sa fantaisie. »

Aucune pâte en usage à Sèvres ne permettait le travail prompt exigé pour remplir
programme.

Le travail des pâtes de Sèvres devait, pour être mené à bien, être conduit avec
une lenteur entravant tout essor artistique. Il fallut créer une pâte propre à ce

travail rapide et à l'exécution de grandes pièces comme vases de jardins, de vestibule, etc.

Cette pâte, plus plastique et plus maniable, est maintenant acquise à Sèvres sous le nom de *grosse porcelaine* ; son façonnage facile permet aux artistes de faire sans entrave les créations les plus variées ; un certain nombre de grands vases émaillés de *céladons*, ont ainsi été fabriqués ; déjà ils permettent de voir tout le parti qu'on pourra tirer de l'emploi de ces émaux transparents ombrant harmonieusement les gravures et les reliefs qu'ils recouvrent.

Il a été permis d'employer des statuaires non initiés à la céramique pour la décoration de ces vases en grosse porcelaine, par exemple, M. Dalou. Les grands travaux de M. Rodin ne lui ont malheureusement pas permis de terminer une série de vases qui lui avait été commandée ; aussi bien, la nouvelle administration de Sèvres n'a eu que quinze mois pour répondre à ces tentatives nouvelles.

Pâte tendre nouvelle. — De toutes ces porcelaines, dont les fabrications s'étaient successivement établies à Sèvres : Porcelaine tendre, Porcelaine dure, Porcelaine nouvelle, Grosse porcelaine, une seule, la plus essentiellement française, la Porcelaine tendre, avait été abandonnée par Brongniart, en **1804**.

Deux motifs durent guider l'Administrateur de Sèvres dans cette détermination : d'abord la difficulté du façonnage, ensuite la nature même de cette porcelaine artificielle qu'il ne pouvait, lui qui avait établi la porcelaine dure, considérer comme une vraie porcelaine.

Néanmoins le renom de la porcelaine tendre, grâce à ses brillantes couleurs, ne fit que grandir pendant le demi-siècle durant lequel Brongniart en suspendit la fabrication. Aussi, vit-on successivement les divers administrateurs : Ebelmen, Regnault, Robert, Lauth, essayer de faire revivre cette porcelaine que le turquoise, le rose, le bleu de roi, etc., peuvent décorer avec un éclat supérieur à celui de tout autre produit céramique.

Des raisons d'ordres divers empêchèrent jusqu'à ce jour ces tentatives d'aboutir.

Aujourd'hui, grâce à des modifications notables apportées aux procédés transmis par Hellot, la fabrication de la porcelaine tendre est de nouveau en vigueur à Sèvres.

La pâte tendre nouvelle a sur l'ancienne de grandes supériorités ; son façonnage et sa cuisson sont assez faciles pour avoir permis la fabrication des plus grandes pièces connues, même en porcelaine dure, et cela sans rien perdre des belles qualités et des colorations pures et profondes de l'ancienne pâte tendre. C'est un très grand progrès réalisé. Cette porcelaine tendre nouvelle sera, au point de vue décoratif, la porcelaine de l'avenir.

Personnel.

MM. DECK (Théodore), Administrateur.
  CHAMPFLEURY, Administrateur-Adjoint, conservateur du Musée et des collections.
  GOBERT, Directeur des travaux d'art.
  ROHAUT (Jules), Chef des services administratifs.
  VOGT (Georges), Chef des travaux chimiques.
  RENARD (Constant), Chef des ateliers de fabrication.
  HALLION (François), Chef des ateliers de décoration.
  PERRIN (Jules), Secrétaire de l'administration.

Administration.

MM. Bernardin (Édouard), Commis principal de 1re classe.
  Daire (Émile), Commis principal.
  Daire (Léon), Commis principal adjoint.
  Richard (Victor), Commis aux écritures.
  Faget (Charles), Commis expéditionnaire.
  Torteret, Préposé au magasin de blanc.

Musée et Collections.

MM. Troude (Albert), Secrétaire.
  Chartrain (Gustave), Commis de la Bibliothèque.

Personnel des Ateliers.

1er DÉPARTEMENT. — FOURS ET PATES.

MM. Legré, Contre-maître de la fabrication.
  Pinson, Commis d'ordre.

ATELIERS DES ESSAIS ET FONDS.

MM. Champion (Louis), Riste, Auvillain.

MOULIN.

MM. Oru (Hubert), contre-maître ; Parmentier, mécanicien ; Étienne, Brécy (Paul) Charlet.

FOURS.

MM. Bothereau (Louis), chef enfourneur ; Giguet, maître-maçon ; Geslin (Jacques), Bothereau (Hippolyte), Renault (Yves), Bothereau (Armand), Renault (François), Bourgouin, Mathorel.

POLISSEURS.

MM. Roumier, Puissant, Aubert, Padé.

TOURNEURS.

MM. Renard, Chabannon, Legay (Émile), Villion (Aimable), Bernardin (Alexis), Brochard, Villion (Émile), Bonnafoux, Lamy, Jolin, Fageolle, Lamontagne.

Groupe 1.   2

MOULEURS-RÉPAREURS.

MM. Couturier, Debord, Lajon, Hébert, Delort, Oru (Henry), Richard (Eugène), Gilbert, Dupuis, Montaubric, Duveau, Brochu, Dumain, Gueneau.

DÉCOUPEUSES.

Mme Forgeot, Mlles Dessirier, Trager.

MOULEURS EN PLATRE.

MM. Jeuffosse (Léopold), Maldémé, Garnesson père ; Poncelain père ; L'Hôte, Petit, Garnesson fils.

RÉPAREURS-MODELEURS.

MM. Baquet, Legay (Jules), Mulleret, Verdier, Kalt.

TOURNEURS D'ÉTUIS.

MM. Geslin (Louis), Parnet, Faucheur.

ÉMAILLEURS.

M. Leiber, chef-émailleur; Mmes Leiber, Auvillain, Renault (Yves), Courtot, Mathorel.

AIDES D'ATELIER.

MM. Moreau, Dailhat, Bothereau (François), Courault.

2ᵉ DÉPARTEMENT. — PEINTURE ET DÉCORATION.

M. Schilt (Eugène), Surveillant des Ateliers.

PEINTRES.

MM. Archelais, Mme Apoil, Doat, Lambert (Henri), Belet (Émile), Richard (Émile), Mérigot, Blanchard, Célos (Jules), Lucas, Briffaut, Réjoux, Bonnuit, Hallion (Eugène), Bieuville, Fournier, Drouet, Belet (Louis), Sandoz, Brécy, Devicq, Pihan, Trager.

DÉCORATEURS.

MM. Ligué, Simard, Vignol, Gébleux, Uhlrich, Leroy, Jardel, Remy, Steilz.

GRAVEUR.

Mlle Péronard.

POSEURS DE FONDS.

MM. Lecat, Morin, Ouint.

IMPRIMEUR.

M. Cappe.

DÉCALQUEUSES.

Mlles Richard (Pauline), Marrot, Bataille, Daire, Mme Demory.

BRUNISSEUSES.

Mmes Bertaut, Renard, Rousseau, Legré, Richard, Mlles Bouteille, Bertaut, Hasenmayer.

MONTAGE.

MM. Meakes, contre-maître ; Desforges, Courtin, Violette, Questel, Marrot, Chaussée, Huet.

AIDES D'ATELIER.

MM. Cabot, Durand, Dévot fils.

3e DÉPARTEMENT. — TRAVAUX CHIMIQUES, CUISSON DES PEINTURES.

MM. Aveline, Pardon, Courtot, Mignot, Nattier.

GARDIENS.

MM. Vuillaume, Goliard, Berthiot, Hasenmayer, Huguet, Hanry, Demory, Philippe, Fourier, Renault (Pierre), Oru (Constant), Leroy.

Service général de l'Établissement.

MM. Veillard. Dévot père, Bodon, Cugnière, Vigneron.

École de la Manufacture.

Directeur : M. Gobert.
Professeurs : MM. Renard et Apoil.
Professeur de modelage : M. Briffaut.
Surveillant de l'école : M. Richard (Victor).

DÉSIGNATION DES PIÈCES EXPOSEÉS.

1. PORCELAINE DURE.

2. PORCELAINE NOUVELLE.
   A. Biscuits. — B. Flambés.

3. GROSSE PORCELAINE.

4. PORCELAINE TENDRE NOUVELLE.

1. PORCELAINE DURE

—

1. Vase Chéret.

> Forme de M. CHÉRET ; coulé par M. CONSTANT RENARD.
> Fond blanc ; garniture en bronze doré.

2. Potiche A. B. (1re grandeur).

> Fond bleu noir ; fleurs et oiseaux en bleu foncé et réserves blanches, rehaussés d'or.
> Composition et exécution par M. ÉMILE BELET.

3. Potiche A. B. (2e grandeur).

> Fond bleu noir ; fleurs en réserve, rehaussées d'or.
> Composition et exécution par M. ÉMILE BELET.

4. Deux Potiches A. B. (2e grandeur) garnies.

> Fond bleu : fleurs en or chinois.
> Composition et exécution par M. LAMBERT.

5. Potiche A. B. (2e grandeur)

> Fond bleu ; décor de pivoines en réserve, rehaussées d'or.
> Composition et exécution par M. ÉMILE BELET.

6. Vase Bullant.

> Forme de M. CARRIER-BELLEUSE.
> Fond vert ; cerce en pâte d'application, rehaussée d'or : *Cortège triomphal.*
> Exécution par M. ARCHELAIS, d'après MANTEGNA.
> Socle en bronze doré.

7. Vase Étrusque.

> Fond blanc, décor de plantes ornementales et d'oiseaux en bleu au grand feu, rehaussé d'or.
> Composition et exécution par M. ÉMILE BELET.

8. Deux Vases de la Vendange.

> Fond blanc vermiculé ; rinceaux et chrysanthèmes en pâtes de couleurs, rehaussées d'or.
> Composition et exécution par Mme ESCALLIER (Musée de Sèvres).

9. Vase de la Terre (cerce).

Fond céladon ; décor d'artichauts en pâte d'application teintée de bleu foncé.
Composition de Mme ESCALLIER.
Exécution par M. ÉMILE RICHARD.

10. Vase de la Vendange.

Figures et ornements en peinture rehaussée d'or
Sujet : « Le Sommeil ».
Composition et exécution par Mme APOIL.

10 bis. Vase Mansard.

Fond marbré ; anses et garniture en bronze ciselé et doré.
Modèle de feu DIÉTERLE.

11. Vase Saïgon (2e grandeur) anses, têtes de Lion

Forme de CARRIER-BELLEUSE.
Fond bleu noir ; décor de fleurs et ornements en réserve, et or.
Composition de M. BIEUVILLE.
Exécution par M. SIMARD.

12. Vase persan.

Fond écaille ; filet d'or.

13. Service à café mince (Plateau, cafetière, pot à sucre, pot à crème, quatre
tasses et soucoupes.

Insectes en pâte de couleur, sur fond blanc vermiculé ; par feu CH. FICQUENET.
Décor en or par M. LIGUÉ.

14. Plat rond F.

Paysage en pâte d'application polychrôme.
Composition et exécution par PAUL AVISSE.

15. Deux tasses à la Reine.

Cerce vert d'eau, ornée d'un décor Renaissance en pâte d'application par
M. GÉLY.
Fond jaune moucheté de reliefs en pâte de couleur.
Monture en bronze ciselé et doré.

16. Zarph réticulée.

Fond blanc, réseaux en couleur et or ; bordure de la tasse en or relief, par
M. LIGUÉ.

2. PORCELAINE NOUVELLE.

17. Vase Lameire.

Forme de M. LAMEIRE.

Fond bleu ; fleurs décoratives et ornements en email, rehaussés d'or.

Composition et exécution par M. ÉMILE BELET; monture en bronze.

18. Vase de Novi (1ʳᵉ grandeur).

Fond blanc gaufré, décoré de masques antiques, de fleurs et d'ornements en pâte d'application, rehaussée d'or.

Composition de Mᵐᵉ ESCALLIER.

Exécution par M. J. CÉLOS (Musée de Sèvres).

19. Vase de Nimes.

Fond jaune ; décor de fleurs et d'ornements en émaux rubis et blancs, rehaussés d'or.

Composition et exécution de M. LAMBERT.

Socle en bronze.

20. Potiche A. B. (1ʳᵉ grandeur).

Fond blanc ; bouquets de tulipes en peinture, filets d'or.

Composition par Mᵐᵉ ESCALLIER.

Exécution par M. MÉRIGOT.

21. Vase de Montpellier.

Forme de M. BAQUET.

Fond jaune clair gravé ; oiseaux et fleurs en peinture sous couverte, rehaussés d'émaux polychromes.

Composition de Mᵐᵉ ESCALLIER, exécution de M. LOUIS BELET.

22. Vase de Nimes.

Fond turquoise moucheté de bleu.

Monture et anses en bronze par feu ROGER.

23. Potiche A. B. (1ʳᵉ grandeur).

Fond noir ; courges et branches de fleurs en émaux roses et jaunes; filets d'or.

Composition et exécution par M. MÉRIGOT.

24. Potiche A. B. (2ᵉ grandeur).

Fond blanc rosé ; mascarons et feuillages en relief par MM. DOAT et LUCAS filets d'or.

25. Vase balustre pour torchère (2° grandeur).

> Fond bleu ; fleurs et ornements en émail et or.
> Composition de M. Cabau.
> Exécution par M. Réjoux.

26. Vase Bertin A.

> Fond blanc quadrillé de brun clair ; festons de fleurs décoratives en pâte de couleur et or.
> Composition de M. Bieuville ; exécution par M. A. Blanchard ; dorure par M. Vignol.

27. Vase Duplessis (1re grandeur).

> Fond à coulures noir-bleu, posé par M. Blanchard ; décor en or.

28. Vase de Neptune (2e grandeur).

> Forme de NICOLLE.
> Fond céladon; figures décoratives « Les Centaures » en gravure, par M. Gobert ; ornements par M. Archelais.

29. Vase de Grimm (1re grandeur).

> Forme de M. BAQUET.
> Fond blanc vermiculé; fleurs en peinture et émaux ; « Clématites et cytise », décor en or.
> Composition et exécution par M. E. Richard ; dorure par M. Uhlrich.

30. Vase de Grimm (1re grandeur).

> Forme de M. BAQUET.
> Fond blanc ; fruits et fleurs en peinture et émaux, « Tomates », décor en or.
> Composition et exécution par M. E. Richard ; dorure par M. Uhlrich.

31. Vase de Neptune (2e grandeur).

> Forme de NICOLLE.
> Fond céladon brun foncé ; figures et ornements en gravure et relief; sujet : « La Guerre ».
> Composition et exécution par M. Gobert.

32. Vase de Bordeaux (1re grandeur).

> Forme de M. MAYEUX.
> Fleurs et oiseaux en peinture, « Clématites », et ornements rehaussés d'or.
> Composition par feue Mme Escallier ; exécution par M. Mérigot.

33. Vase de Montpellier.

> Forme de M. BAQUET.
> Fond jaune, gravé; fleurs et oiseaux en peinture et émaux « Vigne vierge ».
> Composition et exécution par M. Émile Belet.

34. Vase balustre pour torchère.

> Fond jaune ; ornements et fleurs décoratives en violet, rehaussé d'or.
> Composition et exécution par M. Émile Belet.

35. Vase balustre pour torchère.

Fond bleu clair ; décor de fleurs et d'ornements en peinture, rehaussée d'or.
Composition et exécution par M. Réjoux.

36. Potiche A. B. (2ᵉ grandeur).

Fond blanc ; fleurs de pommier en émail, oiseaux en peinture sous couverte rehaussée d'or.
Composition et exécution de M. Mérigot.

37. Potiche A. B. (1ʳᵉ grandeur).

Fond noir ; fleurs de cytise et grues en peinture et émail, filets d'or.
Composition et exécution par M. Mérigot.

38. Deux vases Bertin A.

Fond bleu nuagé ; posé par M. Lecat.
Socle en bronze doré.

39. Vase étrusque.

Fond blanc ; broussailles, oiseaux, serpent et fleurs en peinture sous couverte et émaux.
Composition et exécution par M. Lambert.

40. Deux vases étrusques.

Fond bleu, filet d'or ; anses en bronze ciselé.

41. Vase balustre pour torchère.

Fond bleu noir ; décor de fleurs en réserve rehaussées d'or.
Composition et exécution par M. Réjoux.

42. Potiche A. B. (2ᵉ grandeur).

Fond jaune vermiculé en émail ; branches de camélias en émail et or.
Composition et exécution par M. Émile Richard.

43. Vase potiche A. B. (2ᵉ grandeur).

Fond céladon ; figures en pâte et gravure « Les Éléments ».
Composition et exécution par M. Gobert.

44. Vase de Nimes.

Fond nuagé ; oiseaux, chèvre-feuille et pommes de pin en peinture et émaux ; ornements bleus rehaussés d'or.
Composition et exécution par M. E. Belet.

45. Deux vases de Mycène (1ʳᵉ grandeur).

Fond blanc ; figures en relief et gravure, patine turquoise ; sujets : « Jeux d'enfants », « Le Tournoi ».
Composition et exécution par M. Doat.

46. Vase stéphanus.

Forme de CARRIER-BELLEUSE
Fond blanc ; figures en relief et gravure, patine turquoise ; sujet : « Pastorale .»
Composition et exécution par M. Doat.

47. Trois vases de Novi (2e grandeur).

Fond blanc ; figures en relief et gravure ; patine brune ; sujets : « Les trois
Déesses », « Chevauchée guerrière », « Drame, Comédie, Poésie légère ».
Composition et exécution par M. Doat.

48. Vase de Novi (2e grandeur).

Figures en relief et gravure ; sujet : « Les Parfums ».
Composition et exécution par M. Doat.

49. Deux seaux de Pompéï (ornés).

Forme de CARRIER-BELLEUSE.
Fond bleu ; figures et ornements en émail blanc et or ; sujet : « Les Saisons »
Composition et exécution par M. Gobert.

50. Vase Bullant.

Forme de CARRIER-BELLEUSE.
Fond rose clair ; figures et ornements en gravure et pâte ; sujet : « La Guerre ».
décor en or.
Composition et exécution par M. Gobert.

51. Vase du Val d'Ajol.

Forme de M. SANDOZ.
Fond blanc.
Composition et sculpture par M. Sandoz.

52. Vase de la Quintinie.

Forme de M. SANDOZ.
Fond blanc.
Composition et sculpture par M. Sandoz.

53. Vase porte-bouquet Florival.

Forme de M. SANDOZ.
Fond blanc.
Composition et sculpture par M. Sandoz.

54. Deux vases Delafosse.

Forme de CARRIER-BELLEUSE.
Fond vert ; ornements en gravure, et figures dans des médaillons bleus, rehaus-
sés d'or.
Composition et exécution par M. Fournier.

55. Deux vases Delafosse.

Fond blanc ; peinture sous couverte : « Les roseaux ».
Composition et exécution par Mme Apoil..
Décor en or par M. Vignol.

56. Vase de Pompéï.

Fond brun jaune ; figures en pâte et gravure, par M. Rodin.

57. Vase d'Arezzo.

Fond jaune clair ; fleurs et oiseaux en peinture et émaux.
Décor en or au pied et au collet.
Composition et exécution par M. E. Belet.

58. Vase d'Entrecolles.

Fond céladon, gravé ; fleurs en pâte d'application, reprises en émail et en or
Composition et exécution par M. E. Richard.

59. Vase Soufflot.

Forme de CARRIER-BELLEUSE.
Sculpture par MM. Sandoz et Maugendre-Villiers.
Fond blanc de biscuit cartels, en pâte d'application : « Bacchanale ».
Composition de Carrier-Belleuse.
Exécution par M. Archelais.
Dorure par M. Ligué.

60. Vase Bullant.

Forme de CARRIER-BELLEUSE.
Fond bleu noir ; enfants et femme en émail blanc sur bleu foncé : « L'Aurore ».
Composition et exécution par M. Gobert.

61. Vase d'Arezzo.

Fond vert clair ; décor Renaissance en bleu, rehaussé d'émail blanc et d'or.
Composé et exécuté par M. Réjoux.

62. Deux vases Blondel.

Forme de CARRIER-BELLEUSE.
Sculpture exécutée par MM. Sandoz et Maugendre-Villiers.
Fond rose ; décor pompéien sur blanc, détails en or.
Composition et exécution par M. Bonnuit.

63. Deux vases Bullant (ornés).

Forme de CARRIER-BELLEUSE.
Fond violet ; enfants sur biscuit (genre Wedgwood), décor en or.
Composition et exécution par M. Gobert.

64. Vase Théodore de Bry.

Forme de CARRIER-BELLEUSE.
Sculpture par feu Roger et M. Legay.
Fond bleu ; femme et enfants en émail blanc, décor en or, sujet : « La Brise ».
Composition et exécution par Mme Apoil.

65. Vase Théodore de Bry.

Forme de CARRIER-BELLEUSE.
Sculpture par feu Roger et M. Legay.
Fond bleu ; figures d'enfants et branches en émail blanc, rehaussé d'or.
Composition et exécution par M. Gobert.

66. Vase d'Arezzo.

Fond jaune gravé ; fleurs et oiseaux en peinture sous couverte rehaussée
d'or.
Composition et exécution par M. Lambert.

67. Deux vases Delafosse.

Forme de CARRIER-BELLEUSE.
Fond bleu ; ornements et figures d'enfants en émail blanc, décor en or.
Composition et exécution par Mme Apoil.

68. Vase Delafosse.

Forme de CARRIER-BELLEUSE.
Fond bleu ; ronde d'enfants en émail : « Les jeux ».
Composition et exécution par M. Gobert.

69. Vase Bullant.

Forme de CARRIER-BELLEUSE.
Fond rose saumon ; décor en pâte d'application : « Tritons et Néréides. .
Composition et exécution par M. Gobert.

70. Vase Soufflot.

Forme de CARRIER-BELLEUSE.
Sculpture exécutée par MM. Sandoz et Maugendre-Villiers.
Fond rose vermiculé, et décor en noir et or, par M. Vignol.

71. Deux vases Étrusques.

Fond bleu jaspé ; décor d'ornements et de boutons d'or en peinture sous
couverte, rehaussée d'émail et d'or.
Composition et exécution par M. Mérigot.

72. Vase de Corinthe.

Forme de CARRIER-BELLEUSE.
Fond blanc nuagé ; décor de chardons en peinture sous couverte, et or.
Composition et exécution par M. Lambert.

73. Vase de Corinthe.

Forme de CARRIER-BELLEUSE.
Fond blanc ; ornements en pâte bleue et saumon, rehaussée d'or.
Composition par M. FOURNIER ; exécution par M. JULES CÉLOS.

74. Potiche A. B. (2ᵉ grandeur).

Fond jaune ; courges et feuillage en peinture sous couverte, rehaussée d'or.
Composition et exécution par M. MÉRIGOT.

75. Vase Clodion A. (uni).

Fond jaune clair ; décor de plantes aquatiques sur fond de paysage, en pâte de
    couleur.
Socle en bronze.
Composition et exécution par M. DROUET.

76. Deux vases Bullant (unis).

Forme de CARRIER-BELLEUSE.
Fond vert clair ; décor en bleu sous couverte, repris en émail blanc et or.
Composition et exécution des ornements par M. RÉJOUX.
Médaillons par M. PAILLET.

77. Deux vases Bullant.

Forme de CARRIER-BELLEUSE.
Fond blanc-laiteux ; fleurs et papillons en pâtes colorées, vermiculé en pâte
    blanche, semis et filets d'or et de platine.
Composition de feue Mᵐᵉ ESCALLIER ; exécution par M. JULES CÉLOS.

78. Vase Œuf (2ᵉ grandeur).

Fond bleu, posé par M. LECAT.
Anses et socle en bronze ciselé.

79. Vase d'Arezzo.

Fond blanc vermiculé ; branches de fleurs décoratives en émail et or.
Composition et exécution par M. ÉMILE RICHARD.

80. Vase Bertin (2ᵉ grandeur).

Fond céladon ; branches de cerises, moineaux en peinture rehaussée d'émail,
    rinceaux réservés en blanc, filets d'or.
Composition et exécution par M. ÉMILE RICHARD.

81. Vase Delafosse.

Forme de CARRIER-BELLEUSE.
Fond ivoire ; groupes d'ornements en émail blanc gravé ; filets d'or.
Composition et exécution par M. BONNUIT.

82. Vase Delafosse.

> Forme de CARRIER-BELLEUSE.
>
> Fond ivoire ; décor de cartels en pâte d'application sur brun, et guirlandes de fleurs en relief; filet or.
>
> Composition et exécution de M. ARCHELAIS.

83. Potiche A. B. (3ᵉ grandeur).

> Fond blanc ; décor en gravure sous couverte.
>
> Composition d'ÉMILE RENARD ; exécution de M. CHARLES LUCAS.

84. Deux vases Duplessis (2ᵉ grandeur).

> Fond à coulures noir-bleu ; décor en or.
>
> Socles en bronze.

85. Deux vases Bullant.

> Forme de CARRIER-BELLEUSE.
>
> Fond blanc ; paysage en bleu fixe, composé et exécuté par M. EUGÈNE HALLION, décor en or.
>
> Socle en bronze doré.

86. Bouteille persane (1ʳᵉ grandeur).

> Fond vert ; décor oriental en vert clair, noir et or.
>
> Composition et exécution par M. BONNUIT.

87. Deux vases Pompéï.

> Forme de CARRIER-BELLEUSE.
>
> Fond bleu ; décor de boutons d'or en gravure et pâte d'application, rehaussés d'or.
>
> Composition de M. BIEUVILLE ; exécution de M. JULES CÉLOS.

88. Potiche A. B. (3ᵉ grandeur).

> Fond jaune ; décor Renaissance en gravure sous couverte, rehaussé d'or.
>
> Composition et exécution par M. BRÉCY.

89. Vase Œuf (3ᵉ grandeur).

> Fond jaune ; branches de pêcher et papillons en émail violet rehaussé d'or.
>
> Composition et exécution par M. LAMBERT.

90. Potiche A. B. (3ᵉ grandeur).

> Décor en gravure sous couverte, céladon pâle, filet d'or.
>
> Composition et exécution par M. BRÉCY.

91. Deux Potiches A. B. (3ᵉ grandeur).

> Fond rose ; fleurs de pommier en émail, rehaussé d'or.
>
> Composition et exécution par M. LAMBERT.

92. Vase Étrusque.

Fond bleu nuage, filets d'or.
Socle bronze.

93. Vase Robert.

Forme de M. CARRIER-BELLEUSE, sculpture de M. BRIFFAUT.
Fond ivoiré ; filets d'or et dorure détaillée des ornements.

94. Deux vases Guettard.

Forme de M. BAQUET.
Fond à coulures noir et bleu ;
Socles en bronze.

95. Vase de Mycène (2ᵉ grandeur).

Forme de CARRIER-BELLEUSE.
Décor en pâte grise ; oiseaux et fleurs en pâte colorée, rehaussée d'or
Composition et exécution par M. BIEUVILLE.

96. Deux vases de Novi (2ᵉ grandeur).

Fond blanc ; fleurs et ornements en peinture et émaux, d'après Mᵐᵉ ESCALLIER.
Exécution par M. L. BELET.

97. Vase cornet de 0.40 c/m.

Décor en gravure sous couverte céladon, filet d'or.
Composition et exécution par M. RÉJOUX.

98. Potiche A. B. (3ᵐᵉ grandeur).

Fond vert de cuivre ; décor d'ornements en émail blanc rehaussé d'or.
Composition et exécution par M. LIGUÉ.

99. Vase de Novi.

Forme de CARRIER-BELLEUSE.
Fond bleu ; cerce en gravure sous couverte et or.
Composition par P. AVISSE ; exécution par M. J. CÉLOS.

100. Vase de Bordeaux (2ᵉ grandeur).

Forme de M. MAYEUX.
Fond céladon ; ornements en gravure ;
Composition et exécution par M. FOURNIER.

101. Vase œuf apode au nid.

Fond blanc ; fleurs et oiseaux en pâtes polychrômes.
Composition par Mᵐᵉ ESCALLIER.
Exécution par M. J. CÉLOS.

102. Vase d'Arezzo.
Forme de CARRIER-BELLEUSE.
Fond céladon ; figures et ornements en gravure. « Triomphe ».
Composition par M. GOBERT ; exécution par M. ARCHELAIS.

103. Vase d'Arezzo.

Forme de CARRIER-BELLEUSE.
Fond céladon ; figures et ornements en gravure. « Bacchanale ».
Composition par M. GOBERT.
Exécution par M. ARCHELAIS.

104. Vase d'Avignon (1re grandeur.)

Forme de M. BAQUET.
Fond bleu ; figures et ornements en émail et or ;
« Triomphe de Vénus. »
Composition et exécution par M. GOBERT.

105. Vase Malagutti.

Forme de M. BAQUET.
Figures et ornements sculptés par MM. DESBOIS et MULLERET.
Fond blanc ; sujet : « La paix et la guerre. » Gravure par M. E. HALLION
Moulage et réparage par M. COUTURIER.

106. Vase de Salamine.

Fond blanc, décor gris ; Fleurs en peinture reprises en émail.
Ornements repris en or.
Composition et exécution par M. GÉBLEUX.

107. Vase Bertin (1re grandeur.)

Fond nuagé décoré d'un semis de fleurs, feuilles et insectes en peinture
émaux polychrômes ; sujet : «Coup de vent de printemps».
Composition et exécution par M. E. RICHARD.

108. Vase de Corinthe.

Fond jaune ivoiré ; figures et ornements en émaux polychrômes, dans un jeu de
fonds en émail sur paillons ; par M. SIEFFERT

109. Vase Ledoux.

Forme de CARRIER-BELLEUSE.
Fond blanc, décoré en or ; sujet en pâte d'application sur fond gris bleu. « Genre
Wedgwood. »
Composition et exécution par M. GOBERT (Musée de Sèvres).

110. Vase Houdon.

Forme de CARRIER-BELLEUSE.
Fond vert clair ; ornements bleus, rehaussés d'or et d'émail.
Composition et exécution par M. RÉJOUX (Musée de Sèvres).

111. Vase Houdon.

Forme de CARRIER-BELLEUSE.
Fond bleu. Sujet : « La Chasse. » Figures en émail ; décor en or.
Composition et exécution par Mme APOIL (Musée de Sèvres

112 Vase Saïgon (2ᵉ grandeur).

Figures en gravure et pâte d'application blanche sur fond rosé.
Composition et exécution par M. Rodin.
Socle en bronze (Musée de Sèvres).

113. Vase Saïgon (2ᵐᵉ grandeur).

Figures en gravure et pâte d'application blanche sur fond rosé ; ornements bleu-vert et or.
Composition et exécution par M. Rodin.

114. Sept vases Saïgon (2ᵐᵉ grandeur).

Fonds divers; figures en relief et gravure ; patine.
Sujets :« Camées antiques. » — « Profils guerriers. » — « Les collectionneurs. » — « Les charmeurs de serpents. »—« La pêche. » — « Les dénicheurs.» — « L'enfant aux raisins ».
Compositions et exécution par M. Doat.

115. Deux vases potiche (ovoïde allongée).

Fond blanc ; figures en relief et gravure ; camées.
Sujets : « La course. » — « Les coureurs.»
Composition et exécution par M. Doat.

116. Vase Saïgon (2ᵐᵉ grandeur).

Fonds céladon ; figures en relief et gravure.
Sujet : « l'Enfant aux lézards. »
Composition et exécution par M. Doat.

117. Vase Saïgon (1ʳᵉ grandeur).

Fond blanc ; figures en relief et gravure, patine turquoise.
Sujet : « Masques comiques. »
Composition et exécution par M. Doat.

118. Deux vases potiche (ovoïde allongée).

Fond céladon ; figures en relief et gravure, camées.
Sujets : « L'hiver. » — « Plaisirs d'hiver. »
Composition et exécution par M. Doat.

119. Deux vases potiche (ovoïde allongée).

Fond jaune ; figures en relief et gravure.
Sujets : « La Cigale et la Fourmi. » — « Musette et tambourin. »
Composition et exécution par M. Doat.

120. Trois vases Saïgon (2ᵐᵉ grandeur).

Fonds divers ; figures en relief et gravure; camées.
Sujets : «Les cinq sens.» — « Les trois Parques.» — « Les trois juges internaux.»
Composition et exécution par M. Doat.

121. Quatre vases Lagène.

Fond brun foncé ; figures en pâte d'application ; décor rehaussé d'or.
Sujets : « Matin et soir. » — « Été et printemps. »
Composition et exécution par M. GOBERT.

122. Deux vases de Mycène (2me grandeur).

Paysages et ornements en peinture, rehaussés d'or et d'or relief.
Peinture par M. E. HALLION ; dorure par M. VIGNOL.

123. Deux vases Indous.

Fond vert clair ; décor de figures et ornements en émail, rehaussés d'or ;
Composition et exécution par M. PAILLET.

124. Deux vases Indous.

Fond jaune ivoire ; décor de figures et ornements en émail, rehaussés d'or.
Composition et exécution par M. PAILLET.

125. Deux vases Stéphanus.

Forme de CARRIER-BELLEUSE.
Fond céladon ; fleurs et ornements en relief et gravure, par M. L. BELET.

126. Une bouteille de Grammont de 1790.

Fond à coulures, décor en or.

127. Cinq vases Persans (à côtes).

Fond céladon, filet d'or.

128. Vase Gutemberg.

Fond turquoise.
Monture bronze.

129. Vase Persan.

Fond rose ; semis de pois en émail et or.

130. Deux vases de Grimm.

Forme de M. BAQUET.
Fond turquoise truité ; filet d'or.

131. Vase Indien D.

Fond vert d'eau ; filet d'or.

132. Trois vases de Mycène (2me grandeur)

Forme de CARRIER-BELLEUSE.
Fond brun, filet d'or.

133. Vase de Mycène (2me grandeur).

Forme de CARRIER-BELLEUSE.
Fond jaune, filet d'or

134. Deux vases du Tonkin.

> Forme de CARRIER-BELLEUSE.
> Fond jaune ; filet d'or.

135. Deux vases calice.

> Fond jaune; filet d'or.

136. Deux vases de Mycène (2ᵐᵉ grandeur).

> Forme de CARRIER-BELLEUSE.
> Fond rose ; filet d'or.

137. Vases Dodécaèdres.

> Forme de CARRIER-BELLEUSE.
> Fond à coulures, par M. ALEXANDRE BLANCHARD ; décor en or.

138. Vase d'Arezzo.

> Fond céladon ; figures et ornements en gravure : « Le Triomphe de la Jeunesse ».
> Composition et exécution par M. LEGRAIN.

139. Vases Dodécaèdres.

> Forme de CARRIER-BELLEUSE.
> Fonds divers à coulures, par M. ALEXANDRE BLANCHARD; filet d'or.

140. Vase de Marseille.

> Forme de CARRIER-BELLEUSE.
> Fond à coulures, par M. BLANCHARD; décor en or par M. STEILZ.

141. Vase Pékin.

> Fond blanc, décor en bleu rehaussé d'or.
> Composition et exécution par M. DROUET.

142. Sept vases Indiens D.

> Fonds divers à coulures.
> Socles en bronze doré.

143. Dix vases Indiens D.

> Fonds divers à coulures ; filet d'or.

144. Deux vases Indiens D.

> Fond flambé ; filet d'or.
> Socle en bronze.

145. Bouteille Lafayette.

> Forme de CARRIER-BELLEUSE.
> Fond vert ; décor en or.

146. Deux vases Lagène unis.

> Fond flambé ; filet d'or.

147. Bouteille Lafayette.

Forme de CARRIER-BELLEUSE
Fond cachou ; filet d'or.

148. Bouteille Lafayette.

Forme de CARRIER-BELLEUSE.
Fond à coulures.
Monture en bronze.

149. Bouteilles Grammont de 1790.

Fond à coulures.
Garniture en bronze.

150. Deux bouteilles Grammont de 1790.

Fond jaune à coulures et décor en or, par M. BLANCHARD.

151. Deux bouteilles Grammont de 1790.

Fond gris et bleu à coulures, et décor en or, par M BLANCHARD.

152. Deux vases Saïgon, (2e grandeur).

Forme de CARRIER-BELLEUSE.
Décor de plantes et ornements en gravure sous couverte par M. BRÉCY.

153. Deux vases Saïgon (2e grandeur).

« Les Lapins », décor d'animaux et de plantes en gravure sous fond céladon.
Composition et exécution par M. BRÉCY.

154. Quatre vases Pékin.
Fond flambé ; filet d'or.

155. Trois vases Indiens D.

Fond flambé ; filet d'or.
Socle bronze doré.

156. Vase Fizen à rosaces.

Forme de CARRIER-BELLEUSE
Décor de lustres rehaussés d'or ; essais par M. VOGT.

157. Vase Hong-Kong.

Fond flambé ; filet d'or.
Monture en bronze.

158. Vase Saïgon (1re grandeur).

Forme de CARRIER-BELLEUSE.
Fond jaune, décor en gravure et pâte d'application, rehaussé d'or et d'émail
 blanc.
Composition et exécution par M. BLANCHARD.

159. Vase antique chinois.

> Fond rouge rubis ; décor de branches et fleurs de pommier en émail, rehaussé d'or.
>
> Composition et exécution par M. UHLRICH.

160. Vase de Grimm (2ᵉ grandeur).

> Forme de M. BAQUET.
>
> Fond gris noir ; décor de fleurs en pâte d'application colorée, brindilles en or et or relief.
>
> Composition par P. AVISSE ; exécution par M. LUCAS.

161. Deux vases de Mycène (2ᵉ grandeur).

> Forme de CARRIER-BELLEUSE.
>
> Fond jaune ; gravure sous couverte par M. BRÉCY ; filet d'or.

162. Bouteille de Grammont de 1790.

> Fond flambé ; filet d'or.

163. Bouteille Lafayette.

> Forme de CARRIER-BELLEUSE.
>
> Fond à coulures polychrômes ; décor en or relief.

164. Vase Kin-te-tchin (uni).

> Forme de CARRIER-BELLEUSE.
>
> Fond à coulures polychrômes ; décor en or.

165. Deux vases Saïgon (2ᵉ grandeur).

> Forme de CARRIER-BELLEUSE.
>
> Fond céladon ; décor en émail rehaussé d'or par M. SILL.

166. Deux vases Saïgon (1ʳᵉ grandeur, rectifiés).

> Fond céladon ; décor en émail blanc et or.
>
> Composition et exécution par M. UHLRICH.

167. Vase Saïgon (2ᵉ grandeur).

> Forme de CARRIER-BELLEUSE.
>
> Fond rose ; chrysanthèmes en émaux, rehaussés d'or.
>
> Composition de M. MÉRIGOT ; exécution par M. GÉBLEUX.

168. Vase Lagène.

> Fond flambé.
>
> Monture en bronze.

169. Bouteille Lafayette.

> Forme de CARRIER-BELLEUSE.
>
> Fond flambé ; filet d'or.

170. Bouteilles persanes (1ʳᵉ grandeur).

> Fond turquoise ; filet d'or.

171. **Deux vases Kin-te-tchin** (garnis de têtes de lion)
Forme de CARRIER-BELLEUSE.
Fond bleu à coulures.
Monture en bronze doré.

172. **Bouteille Lafayette.**
Forme de CARRIER-BELLEUSE.
Fond flambé ; monture bronze.

173. **Deux vases de Mycène** (2ᵉ grandeur).
Forme de CARRIER-BELLEUSE.
Fond vert d'eau ; décor en gravure sous couverte, rehaussé d'or
Composition et exécution par M. Brécy.

174. **Vase Saïgon** (2ᵉ grandeur).
Forme de CARRIER-BELLEUSE.
Fond vert vermiculé noir et or, par M Richard.

175. **Deux Potiches A. B.** (3ᵉ grandeur)
Fond vert nuagé ; filet d'or.

176. **Vase Thalès.**
Forme de CARRIER-BELLEUSE.
Fond flambé.
Monture en bronze.

177. **Trois vases Kin-te-tchin** (garnis).
Forme de CARRIER-BELLEUSE.
Fond noir à coulures ; décor en émail blanc et or.
Garniture en bronze.

178. **Vase Saïgon** (2ᵉ grandeur).
Forme de CARRIER-BELLEUSE.
Fond céladon ; décor en émail blanc et or.
Composition et exécution par M. Bonnuit.

179. **Vases persan.**
Fond céladon ; décor de médailles en pâte d'application rehaussée d'or.
Composition et exécution par M. Gély.

180 **Quatre vases Saïgon** (2ᵉ grandeur).
Fond céladon, décor en émail et or.
Composition et exécution par M. Bonnuit.

181. **Vase Saïgon** (2ᵉ grandeur).
Forme de CARRIER-BELLEUSE
Fond jaune, décor en bleu fixe et rouge, rehaussé d'émail et or.
Composition et exécution de M. Célos.

182. Vase d'Anizy (2ᵉ grandeur, orné).

> Forme de CARRIER-BELLEUSE.
> Exécution des ornements par M. BRIFFAUT.
> Fond ivoire ; dorure détaillée

183. Vase antique Chinois.

> Fond noir, vermiculé d'email blanc ; décor imitation cuir en émail et or.
> Composé et éxécuté par M. VIGNOL.

184. Vase de Marseille.

> Forme de M. BAQUET.
> Fond à coulures gris-noir ; décor en or relief par M. STEILZ.
> Socle en bronze.

185. Vase de Marseille.

> Forme de M. BAQUET.
> Fond à coulures gris-noir ; décor en or relief par M. STEILZ.
> Socle en bronze.

186. Deux vases Kin-te-tchin.

> Fond blanc nuagé de rose et vert, orné de mascarons en relief ; filet or.
> Composition et exécution par M. DOAT.

187. Vases Hanoï.

> Forme de M. BAQUET.
> Fond flambé.
> Socle en bronze doré.

188. Deux potiches (ovoïdes allongées).

> Fond blanc vermiculé ; fleurs en émail et or.
> Composition et exécution par M. ÉMILE RICHARD.

189. Trois vases Cornet (de 0ᵐ40 cent.).

> Fleurs décoratives en pâte et gravure sous couverte céladon ; filets d'or.
> Composition et exécution par M. RÉJOUX.

190. Vase Saïgon (2ᵉ grandeur).

> Forme de CARRIER-BELLEUSE.
> Décor en gravure sous couverte céladon, composé et exécuté par M. LEVILLAIN.

191. Trois vases Losange.

> Forme de CARRIER-BELLEUSE.
> Fond bleu d'émail ; garniture en bronze, par feu ROGER.

192. Deux vases porte-bouquet.

> Forme de CARRIER-BELLEUSE.
> Fond blanc ; décor en bordures d'émaux bleus et or par M. BONNUIT.

193. Vase porte-bouquet.

Forme de CARRIER-BELLEUSE.
Fond blanc ; décor d'ornements en émaux rubis et blancs sur jaune.
Composition et exécution par M. BONNUIT.

194. Vases Coréen.

Forme de CARRIER-BELLEUSE.
Fond jaune ; décor de chrysanthèmes en brun rehaussé d'émail et d'or
Composition et exécution par M. LAMBERT.

195. Vase de Mycène (2ᵉ grandeur).

Forme de CARRIER-BELLEUSE.
Fond jaune ; branches de fleurs bleues en émail et or.
Composition par M. FOURNIER, exécution par M. STEILZ.

196. Bouteille Grammont de 1790.

Fond flambé ; filet d'or.
Monture en bronze.

197. Deux vases de Lille.

Forme de M. BAQUET.
Fond vert de cuivre ; frise de fleurs en émaux de couleur et or.
Composition et exécution par M. ÉMILE RICHARD.

198. Deux bouteilles Toro.

Forme de CARRIER-BELLEUSE.
Fond blanc ; décor d'ornements en émail rubis, rehaussé d'or.
Composition par M. CABAU ; exécution par M. VIGNOL.

199. Deux vases de Vincennes.

Forme de CARRIER-BELLEUSE.
Fond à coulures, gris-bleu ; décor en or relief ; socle en bronze.

200. Deux potiches chinoises.

Fond céladon ; filets d'or.

201. Deux vases Hannong.

Forme de CARRIER-BELLEUSE.
Ornements en couleur ; paysages en camaïeu bleu dans des médaillons, rehaussés d'or.
Composition et exécution par M. PAILLET.

202. Deux vases de Mysore.

Fond ivoiré ; décor d'ornements en émaux de couleur sur bandes jaunes rehaussés d'or.
Composition et exécution par M. BONNUIT.

203. Vase Saïgon (rectifié)

Fond jaune ; figures et ornements en gravure sous couverte et reliefs en pâte ; sujet : « Les flèches de l'Amour », par M. DOAT.

Décor en or au pied et au collet.

204. Vase Stéphanus.

Forme de CARRIER-BELLEUSE.

Fond jaune brun ; ornements en gravure.

Composition par M. SILL ; exécution par M. LUCAS.

205. Deux vases Stéphanus.

Forme de CARRIER-BELLEUSE.

Fond bleu ; fleurs et ornements en émail blanc rehaussé d'or.

Composition et exécution par M. GÉBLEUX.

206. Potiche A. B. (3e grandeur).

Fond céladon ; ornements en gravure sous couverte ; filets d'or.

Composition par feu ÉMILE RENARD ; exécution par M. LUCAS.

207. Gourde d'Asti.

Forme de CARRIER-BELLEUSE.

Fond gris verdâtre gravé ; ornements en émail blanc, rehaussés d'or.

Composition de P. AVISSE ; exécution par M. UHLRICH.

208. Deux vases Gobelet.

Fond vert de cuivre ; décor oriental en vert clair cerné de noir et or.

Composition et exécution par M. BONNUIT.

209. Deux vases Lagène (unis).

Fond vert clair ; décor en bleu fixe sous couverte, rehaussé d'émail blanc et or.

Composition et exécution par M. BONNUIT.

Socle en bronze.

210. Potiche ovoïde (allongée).

Fond bleu ; enfants et branches de fleurs en émail blanc, filets d'or.

Composition et exécution par M. GOBERT.

211. Vases Bijou.

Fond jaune ; décor de médailles en pâte d'application, rehaussé d'or.

Composition et exécution par M. GÉLY ; dorure par M. LIGUÉ.

212. Trois vases Bijou.

Fond saumon et fond céladon ; fleurs marines et médaillons en pâtes de couleurs rehaussées d'or.

Composition et exécution par M. GÉLY ; dorure par M. VIGNOL.

213. Vase Bijou.

Fond vert d'eau ; poissons et algues marines en pâtes de couleurs rehaussées d'or.

Composition et exécution par M. GÉLY ; dorure par M. VIGNOL.

214. Vase Bijou.

Fond noir ; médaillons en pâte d'application rehaussée d'or.
Composition et exécution par M. GÉLY.

215. Deux vases d'Avignon (2ᵉ grandeur).

Forme de M. BAQUET.
Fond rose clair ; guirlandes de fleurs et médaillons en émaux polychrômes rehaussés d'or.
Composition et exécution par M. RÉJOUX ; figures par M. PAILLET.

216. Vase Bijou.

Fond noir : guirlandes de fleurs et feuillages médaillons en pâte d'application rehaussée d'or.
Composition et exécution par M. GÉLY ; dorure par M. LIGUÉ.

217. Vase Bertin (3ᵉ grandeur).

Fond bleu cendré ; branchages en émail blanc et bleu foncé, rehaussé d'or.
Composition et exécution par M. GOBERT.

218. Vase Bijou.

Fond blanc ; décor de médailles en pâte d'application, rehaussé d'or.
Composition et exécution par M. GÉLY.

219. Vase Stéphanus.

Fond jaune clair ; enfants et femmes en émail blanc dans des cartels brun et or.
Composition et exécution par M. SILL.

220. Potiche A. B. (3ᵉ grandeur).

Fond blanc ; ornements en gravure sous couverte ; filets d'or.
Composition par feu ÉMILE RENARD, exécution par M. LUCAS.

221. Deux vases de Nola (2ᵉ grandeur).

Forme de CARRIER-BELLEUSE.
Fond gris ; ornements en émail blanc ; figures de femmes et enfants dans des cartels en vert céladon rehaussés d'or.
Composition et exécution par M. PAILLET.

222. Deux vases d'Anizy (2ᵉ grandeur).

Forme de CARRIER-BELLEUSE.
Fond blanc ; ornements en bleu et or ; fleurs décoratives en émaux polychrôme .
Composition et exécution par M. BONNUIT.

223. Deux bouteilles Toro.

Forme de CARRIER-BELLEUSE.
Fond vert bleu ; décor en vert clair et noir sous couverte.
Composition et exécution par M. BONNUIT.

224. Deux vases d'Anizy (2ᵉ grandeur).

Forme de CARRIER-BELLEUSE.
Fond teinté de vert ; ornements en peinture bleue sous couverte, composés et exécutés par M. RÉJOUX ; figures de femmes dans des cartels, par M. PAILLET.

225. Deux vases Coréens.

Fond jaune ; ronde de femmes et d'enfants gravée dans la pâte ; ornements en relief sur fond vert-bleu au pied et au collet.

Composition et exécution par M. MAUGENDRE-VILLIERS.

226. Vase Saïgon (2e grandeur).

Fond céladon brun ; décor en émail blanc et or.

Composition et exécution par M. HÉLIOT.

227. Gourde d'Asti.

Forme de CARRIER-BELLEUSE.

Sculpture exécutée par feu ROGER.

Fond gris lilas ; groupe d'enfants : « La musique et la danse », en pâte d'application.

Composition et exécution par M. ARCHELAIS.

228. Vase d'Anizy (2e grandeur).

Forme de CARRIER-BELLEUSE.

Fond ivoire ; colonnade en bleu et rose, enfants en émail et ornements en or.

Composition par M. PELUCHE ; exécution par M. PAILLET.

229. Vase Houdon.

Fond bleu ; décor de la cerce et du collet en émail blanc et or : « Les Vestales ».

Composition et exécution par M. PAILLET.

230. Vase Parent.

Forme de CARRIER-BELLEUSE.

Sculpture des ornements exécutée par feu ROGER et M. LEGAY.

Fond vert ; décor et médaillons en émail blanc rehaussé d'or.

Composition et exécution par Mme APOIL.

231. Vase Stéphanus.

Forme de CARRIER-BELLEUSE.

Figures et ornements en pâte et en gravure sous couverte jaune ; sujet : « La chasse au cerf ».

Composition et exécution par M. DOAT.

232. Vase Ledoux (orné).

Forme de CARRIER-BELLEUSE.

Fond bleu ; cartels d'enfants en réserve sur fond d'or ; ornements en émail blanc et or.

Composition et exécution par M. PAILLET.

233. Gourde d'Asti.

Forme de CARRIER-BELLEUSE.

Sculpture exécutée par feu ROGER.

Fond bleu ; décor de figures en émail blanc rehaussé d'or : « Le vin et l'eau ».

Composition et exécution par Mme APOIL.

234. Vase Parent.

Sculpture exécutée par feu ROGER et M. LEGAY.
Fond bleu ; décor en émail et or ; sujet : « La Danse et la Musique ».
Composition et exécution par Mme APOIL.

235. Vase Ledoux (orné).

Forme de CARRIER-BELLEUSE.
Fond jaune ; cerce de figures en pâte blanche, genre Wedgwood ; « Cortège de Bacchus », décor en or.
Composition de CARRIER-BELLEUSE ; exécution par M. ARCHELAIS.

236. Vase Ledoux.

Forme de CARRIER-BELLEUSE.
Fond bleuté sur biscuit ; application de figures et de paysage, genre Wedgwood.
Composition et exécution par M. GOBERT.

237. Deux vases Stéphanus.

Forme de CARRIER-BELLEUSE.
Fond jaune : femme et enfants en peinture sous couverte.
Composition et exécution par Mme APOIL. ; dorure par M. VIGNOL.

238. Vase Ledoux.

Forme de CARRIER-BELLEUSE.
Décor de tapisseries en peinture sous couverte : « La Pêche ».
Composition et exécution par Mme APOIL. ; dorure par M. VIGNOL.

239. Vase Hannong.

Fond blanc ivoiré ; peinture de figures dans un paysage.
Composition et exécution par Mme APOIL. ; décor en or et or relief par M. VIGNOL.

240. Buire Réaumur et plateau.

Forme de CARRIER-BELLEUSE.
Sculpture par M. BRIFFAUT.
Fond blanc ; ornements détaillés en or.

241. Buire Réaumur et plateau.

Forme de CARRIER-BELLEUSE.
Sculpture des ornements par M. BRIFFAUT ; fond blanc ; décor en or par M. VIGNOL. ; monture par M. LAMARRE.

242. Deux buires de Blois.

Forme de CARRIER-BELLEUSE.
Sculpture exécutée par feu ROGER et M. A. RODIN ; peinture de femmes et d'enfants ; sujets : « Les Lianes », « Les Libellules », « Le Ruisseau ».
Composition et exécution par Mme APOIL. ; dorure par M. VIGNOL.

243. Tasse et soucoupe à café Peyre (anses riches).

Fond blanc, décor en émail et or.
Composition par M. BONNUIT ; exécution par M. EUGÈNE CÉLOS.

244. Jardinière Chéret.

Composition de M. CHÉRET.

Prix de Sèvres.

Figures jaune-ivoiré ; ornements vert bleu rehaussés d'or par M. UHLRICH ;
moulage et réparage par M. LAJON.

245. Jardinière (style Louis XV).

Forme de M. SANDOZ.

Fond blanc.

Composition et sculpture par M. SANDOZ.

246. Terpsichore.

Patine brune sous émail verdâtre.

247. Figure de Minerve.

Par CARRIER-BELLEUSE.

Patine noire sous couverte jaune ; dorure détaillée des ornements.

248. Figure de la République.

Par CARRIER-BELLEUSE.

Patine noire sous couverte jaune ; dorure détaillée, cuirasse ornée d'or et d'or
relief, par M. VIGNOL.

249. Figure, la Négresse.

Patine noire sous couverte jaune : socle en bleu moucheté, filets d'or.

250. Buste.

Henri IV.

Patine noire sous couverte jaune.

251. Deux vases chinois Pékin.

Fond brun ; décor en émail blanc et or.

Composition et exécution par M. EUGÈNE CÉLOS.

252. Quatre sucriers Duplessis de 1750.

Fond blanc teinté ; décor de fleurs en émaux polychromes rehaussés d'or.

Composition et exécution par M. LOUIS BELET.

253. Sucrier Duplessis de 1750.

Fond blanc teinté ; fleurs et ornements en bleu.

Composition et exécution par M. BONNUIT.

254. Tasses et soucoupe à café Peyre.

Fond bleu ; décor de fleurs en émail, rehaussé d'or.

255. Service à café Peyre 1re grandeur).

Cafetière, pot à sucre, pot à lait, quatre tasses et soucoupes

Fond bleu ; décor en émail blanc et or, par M. JARDEL.

256. Neuf tasses chinoises godronnées.

Fond blanc ; décor en émaux de couleur et or par M. LIGUÉ.

257. Pot à lait Briffaut.

Forme de M. BRIFFAUT.
Fond blanc ; décor en or.

258. Plat rond F.

Fond céladon ; figures, amours et oiseaux en pâte d'application et gravure.
Composition et exécution par M. ARCHELAIS.

259. Plat rond F.

Fond céladon ; figures et ornements en gravure et pâte ; sujet d'après M. GOBERT.
Exécution par M. ARCHELAIS.

260. Deux plats ronds.

Fond céladon ; décor de chardons gravés sous couverte.
Composition et exécution par M. BRECY.

261. Jatte du Musée.

Fond blanc ; ornements en émaux rubis.
Composition et exécution par M. CABAU.

262. Jatte Baquet.

Forme de M. BAQUET.
Décor de lustres ; essais de M. VOGT.

263. Deux jattes Peyre unies.

Décor de lustres ; essais de M. VOGT.

264. Jatte de Ville-d'Avray.

Forme de CARRIER-BELLEUSE.
Fond blanc ; décor d'enfants enguirlandés en bleu vert, rehaussé d'or.
Composition et exécution par M. DROUET.

265. Jatte Baquet à godrons.

Forme de M. BAQUET.
Fond blanc ; décor d'enfants enguirlandés de bleu vert rehaussé d'or.
Composition et exécution par M. DROUET.

266. Jattes Peyre.

Fond blanc ; ornements en émail rose et jaune par M. GÉBLEUX.

267. Deux jattes Peyre.

Fond blanc ; décor en émaux rubis et or, par M. GÉBLEUX.

268. Deux jattes de Ville-d'Avray.

Forme de CARRIER-BELLEUSE.
Fond bleu, décor en émail blanc et or, par M. VIGNOL.

269. Coffret à bijoux de 1883.

Forme de CARRIER-BELLEUSE.
Sculpture par feu ROGER et M. LEGAY.
Fond blanc ; fleurs et ornements en émaux polychrômes, rehaussés d'or.
Composition par M. BIEUVILLE ; exécution par M. E. BELET.

270. Coffret à bijoux de 1883.

Forme de CARRIER-BELLEUSE.
Sculpture par feu ROGER et M. LEGAY.
Fond rose ; ronde d'enfants et d'ornements en émail blanc, rehaussé d'or.
Composition et exécution par M. PAILLET.

271. Coffret à bijoux de 1883.

Forme de CARRIER-BELLEUSE.
Sculpture par feu ROGER et M. LEGAY.
Fond blanc ; médaillons et cartels en émail sur fond agate, rehaussés d'or.
Composition et exécution par M. PAILLET.

272. Chocolatière Carrier-Belleuse.

Forme de CARRIER-BELLEUSE.
Fond blanc ivoiré ; décor en or, monture ciselée et dorée.

273. Deux cendriers (anses de bouts).

Forme de CARRIER-BELLEUSE.
Fond blanc ; décor en or sur bandes roses, par M. PELUCHE.

274. Cendrier (anses de côtés).

Forme de CARRIER-BELLEUSE.
Fond blanc ; décor vert et or, par MM. RÉJOUX et PELUCHE.

275. Deux cendriers à dauphins.

Forme de CARRIER-BELLEUSE.
Fond blanc ; ornements en or relief sur bandes jaunes.
Composition et exécution par M. RÉJOUX.

276. Cendrier (anses de côtés).

Forme de CARRIER-BELLEUSE.
Fond blanc ; décor d'ornements en bleu, jaune et or.

277. Cendrier ovale de 1883.

Forme de CARRIER-BELLEUSE.
Fond céladon ; sujet en pâte blanche sur bande bleue : « La Photographie », par
M. BRÉCY.

78. Coupe de Trianon.

Forme de PAUL AVISSE.
Fond jaune ; décor d'émaux blancs et bleu turquoise repris en or, par M BON-
NUIT.

4

279. Coupe de Bruges.

Forme de PAUL AVISSE.
Fond bleu ; dorure détaillée.

280. Coupe de Tarente (1ʳᵉ grandeur).

Fond vert ; décor oriental en noir et jaune, rehaussé d'or.
Composé et exécuté par M. Bonnuit.

281. Deux coupes de Strasbourg.

Forme de P. AVISSE.
Fond bleu ; décor en émail blanc rehaussé d'or, par M. Gobert, « Le Matin et le
Soir ».

282. Coupe de Strasbourg.

Fond bleu ; décor émail blanc, rehaussé d'or.
Composition et exécution par M. Jardel.

283. Coupe vide-poches ; tête de folie.

Forme et sculpture par M. SANDOZ.
Fond céladon.

284. Deux coupes de Valenciennes.

Forme de P. AVISSE.
Fond blanc laiteux ; décor d'ornements en émaux polychrômes rehaussés d'or.
Composition et exécution par M. Bonnuit.

285. Coupe basse (à oreilles).

Forme de CARRIER-BELLEUSE.
Peinture de médaillons jaunes et mauves ; rondes d'enfants et fleurs.
Composition et exécution par Mᵐᵉ Apoil.

286. Trois coupes de Thouars.

Forme de PAUL AVISSE.
Fond bleu ; décor en émail blanc et or par M. Louis Belet.

287. Deux coupes Henri II.

Fond blanc ; décor en émaux polychrômes et or, par M. Jardel.

288. Coupe Henri II.

Fond blanc ; décor en émail jaune et brun rehaussé d'or, par M. Jardel.

289. Coupe basse, (à oreilles).

Forme de CARRIER-BELLEUSE.
Fond bleu ; décor en émail blanc et or, par M. Bonnuit.

290. Deux coupes d'Urbino (1ʳᵉ grandeur).

Fond blanc ; décor de branches de fleurs et d'oiseaux en peinture sous couverte
et émaux rehaussés d'or.
Composition et exécution par M. Lambert.

291. Trois coupes d'Urbino (1re grandeur).

Fond céladon ; décor de fleurs en pâte blanche et or.
Composition par M. LAMBERT ; exécution par M. BLANCHARD.

292. Coupe d'Urbino (1re grandeur).

Fond céladon ; décor de fleurs en pâte blanche.
Composition par M. LAMBERT ; exécution par M. BLANCHARD.

293. Assiette à dessert lobée de 1886.

Fleurs et ornements en émaux polychromes rehaussés d'or.
Composition par M. HABERT-DYS ; exécution par M. BONNUIT.

294. Cafetière Ebelmen.

Modèle de CARRIER-BELLEUSE.
Fond blanc, décor en or et or relief par M. VIGNOL.

295. Cafetière au canard.

Modèle de CARRIER-BELLEUSE.
Fond blanc, décor en or par M. SIMARD.
Monture dorée et ciselée.

296. Cafetière Briffaut.

Modèle de CARRIER-BELLEUSE.
Sculpture de M. BRIFFAUT.
Fond blanc ; décor en or par M. GÉBLEUX.

297. Boîte à bonbons.

Fond bleu ; cartels d'enfants en réserve ; au centre, femme et enfants en peinture sous couverte et or.
Composition et exécution par Mme APOIL.
Monture ciselée et dorée.

298. Baguier à double plateau.

Forme de CARRIER-BELLEUSE.
Fond bleu ; ornements en émaux polychromes et décor en or, par M. BONNUIT.

299. Boîte à bonbons.

Fond blanc ; quatre petits cartels en émail sur fond agate ; au centre, un médaillon en émail sur bleu, ornements polychromes rehaussés d'or.
Composition et exécution par M. PAILLET.

300. Bonbonnière ovale à boules.

Fond rose ; décor en émail rehaussé d'or, par M. JARDEL).
Monture ciselée et dorée.

301. Deux bonbonnières ovales à boules.

Fond céladon ; décor en émail blanc et or
Monture ciselée et dorée.

302. Boîte à bonbons.

Fond blanc ; décor en camaïeu bleu rehaussé d'or, par Mlle MORIOT.
Monture ciselée et dorée.

303. Cinq boites à bonbons.

Fond blanc ; paysages en camaïeu bleu, rehaussé d'or, par M. EUGÈNE HALLION.
Monture ciselée et dorée.

304. Boite à pastilles.

Fond blanc ; décor en camaïeu rose, repris en or, par M. EUGÈNE HALLION.
Monture ciselée et dorée.

305. Trois bonbonnières ovales à boules.

Fonds divers ; décor d'ornements en émail blanc rehaussé d'or, par M. JARDEL.
Monture ciselée et dorée.

306. Deux cendriers ovales.

Fond blanc ; enfants en camaïeu bleu, et en camaïeu rose rehaussé d'or, par
Mlle MORIOT.

307. Quatre cendriers, (anses dauphins).

Fond blanc ; sujets en camaïeu rose, rehaussé d'or, par Mlle MORIOT.

308. Deux boîtes à pastilles.

Fond blanc ; décor d'enfants en or, par M. PAILLET.
Monture ciselée et dorée.

309. Deux assiettes plates.

Marli saumon ; fleurs et ornements en émaux polychrômes rehaussés d'or.
Composition par M. HABERT-DYS ; exécution par M. BONNUIT.

310. Boite à bonbons.

Fond céladon ; ornements gravés sous couverte par M. BRÉCY.
Monture ciselée et dorée.

311. Boite à bonbons.

Fond blanc ; décor chinois en bleu fixe rehaussé d'or, par M. E. HALLION.
Monture ciselée et dorée.

312. Boite à pastilles.

Fond jaune ; myosotis en émail rehaussé d'or, par M. E. BELET.
Monture ciselée et dorée.

313. Deux boites à bonbons.

Fond jaune ; gravure sous couverte rehaussée d'or, par M. BRÉCY.
Monture ciselée et dorée.

314. Boite à bonbons.

Fond blanc ; semis de fleurs en émail et or par M. LAMBERT.
Monture ciselée et dorée.

315. Boite à bonbons.

Fond jaune ; décor d'ornements en émail rehaussé d'or.
Composition et exécution par M. E. BELET.
Monture dorée et ciselée.

316. Boite à bonbons.

Fond blanc ; semis de violettes en émail rehaussé d'or, par M. LAMBERT.
Monture dorée et ciselée.

317. Pot à eau d'Arras.

Forme de CARRIER-BELLEUSE.
Sculpture par M. BRIFFAUT.
Fond blanc ; ornements détaillés en or.

318. Assiette plate.

Décor en émail et bleu fixe rehaussé d'or, par M. BONNUIT.
Figures en camaïeu bleu par M. PAILLET.

319. Onze assiettes Duplessis, (ornées).

Paysages et ornements en camaïeu bleu et en camaïeu rose, par M. EUGÈNE
HALLION, et rehaussés d'or.

320. Six assiettes Duplessis, (ornées).

Dorure détaillée par M. UHLRICH.
Au centre, cartels d'enfants en or modelé, par M. PAILLET.

2 a. — BISCUITS DE PORCELAINE NOUVELLE.

321. M. Carnot, Président de la République.
Modèle de M. CHAPU.

322. Mme Élisabeth, Fille de Louis XV (1re grandeur).

323. Madame Élisabeth, Fille de Louis XV (2me grandeur).

324. Maria-Fédérowna, Impératrice de Russie (1782).

325. Statue de femme priant. (XVe siècle).
Hôtel-de-Ville de Nuremberg.

326. La Force.

327. Mozart, enfant.
Modèle de M. BARRIAS.

328. L'Amour capucin.

329. Groupe des paons (biscuit).
Modèle de M. CAIN.
Moulage et réparage par M. COUTURIER.
Montage par MM. MEAKES, COURTIN, DESFORGES.

330. Torchère Louis Carrier-Belleuse.
Composition de M. L. CARRIER-BELLEUSE.
Prix de Sèvres.
Figures en biscuit, supportant des lumières dans des cornes d'abondance, bleu
    et or.
Socle à pans et ornements en fond bleuté.
Sujets en gravure : L'Hiver et l'Été, par M. GOBERT.
Socle en marbre.
Figures moulées et réparées par M COUTURIER.
Socle moulé et réparé par MM. ORU et DUPUIS.
Montage par M. COURTIN.

331. Surtout des chasses Carrier-Belleuse.
Modèle de CARRIER-BELLEUSE.
Trois groupes : Le Départ. — Le Triomphe. — Le Retour.
Moulage et réparage par M. COUTURIER.

332. **La Comparaison de l'Amour**.

333. **Terpsichore.**

334. **Vénus à la goutte de lait.**
Modèle de MARCELIN.

335. **La toilette.**

336. **Sacrifice d'Iphigénie.**

337. **La Rosière** (groupe).

338. **Mercure, messager de l'amour.**

339. **L'homme entre deux âges.**

340. **L'offrande à l'Amour.**

341. **Conversation espagnole.**
Un groupe de milieu et deux groupes de côtés.

342. **Contentement passe richesse.**

343. **L'offrande à l'Amour.**

344. **L'Étude et la Paresse.**

345. **Groupe d'Apelles.**

346. **La fête des bonnes gens.**

347. **La fée Urgèle.**

348. **Diane à la biche.**

349. **La Curiosité.**

350. **Le déjeûner.**

351. **L'amant couronné.**

352. **L'Amour et la Fidélité.**

353. **Le nœud de cravate.**

353 bis. **Modèle de marque nouvelle,** 0,087 de diamètre, par M. LEVILLAIN.

2 B. — FLAMBÉS DE PORCELAINE NOUVELLE.

354. Dix vases Gutemberg.
Fond flambé, filet d'or.

355. Vase Bertin (1re grandeur).
Fond rouge flambé.
Socle en bronze.

356. Deux vases Thalès.
Forme de CARRIER-BELLEUSE.
Fond flambé.
Monture en bronze composée par feu ROGER (Musée de Sèvres).

357. Deux vases du Tonkin.
Fond rouge flambé ; filets d'or (Musée de Sèvres).

358. Deux vases Lagène.
Fond rouge flambé, décor en or.
Socles en bronze (Musée de Sèvres).

359. Vase de Mycène.
Fond rouge flambé.
Socle en bronze (Musée de Sèvres).

360. Vase Hanoï.
Fond rouge flambé ; filets d'or (Musée de Sèvres).

361. Vase Larue.
Fond rouge flambé.
Socle en bronze (Musée de Sèvres).

362. Deux vases à violettes.
Fond rouge flambé.
Socles en bronze (Musée de Sèvres).

363. Trois vases à Dauphins (sans anses, à godrons).
Fond rouge flambé.
Socles en bronze (Musée de Sèvres).

364. Vase Kin-te-tchin.
Fond rouge flambé.
Garniture en bronze (Musée de Sèvres).

365. Deux coupes de Tarente (2e grandeur à godrons).
Fond rouge flambé (Musée de Sèvres).

3. — GROSSE PORCELAINE.

366. **Vase Cordelier** (1re grandeur).

Fond céladon ; ornements en relief et gravure par MM. Briffaut et Devicq.

367. **Vase Dalou, N° 1.**

Fond blanc teinté ; enfants et guirlandes en sculpture.
Composition et exécution par M. Dalou.

368. **Vase Dalou N° 1.**

Fond céladon ; enfants et guirlande en sculpture.
Composition et exécution par M. Dalou.

369. **Vase Dalou, N° 2.**

Fond blanc teinté : figures en sculpture, sujet : « Scènes de l'Age d'or ».
Composition et exécution par M. Dalou.

370. **Vase de jardin, N° 1.**

Forme de M. MAYEUX.
Fond céladon ; ornements en relief et gravure.
Composition et exécution par MM. Briffaut et Devicq.

371. **Vase Chéret.**

Forme de M. CHÉRET.
Fond céladon ; canards et plantes en relief.
Composition par Mme Escallier ; exécution par M. J. Célos.

372. **Vase Chéret.**

Forme de M. CHÉRET.
Fond céladon jaunâtre : « Le matin et le soir » ; figures et ornements en relief et gravure ; figures par M. Gobert ; ornements par M. Archelais.

373. **Vase de jardin.**

Fond céladon jaunâtre ; figures et ornements en gravure et relief : « Le Cidre ».
Composition et exécution des figures par M. Gobert ; ornements par M. Archelais.

374. **Vase caisse à fleurs.**

Fond céladon ; ornements en gravure et en relief
Composition et exécution par M. Drouet.

375. Vase de la Terre.

Fond céladon ; ornements en gravure et en relief.
Composition et exécution par M. DROUET.

376. Vase de Corinthe.

Fond céladon ; ornements en gravure et en relief.
Composition et exécution par M. DEVICQ.

377. Vase Salvetat.

Forme de M. MAYEUX.
Fond céladon ; ornements en gravure et en relief.
Composition et exécution par MM. BRIFFAUT et DEVICQ.

4. — PORCELAINE TENDRE NOUVELLE.

378. Vase de Neptune (1re grandeur).

> Coulé par M. CONSTANT RENARD.
> Forme de NICOLLE.
> Fond turquoise ; sujet : « Centaures » : attributs et ornements en gravure.
> Figures par M. GOBERT ; ornements par M. ARCHELAIS.

379. Vase Lameire.

> Forme de M. LAMEIRE.
> Fond turquoise ; fleurs en peinture polychrôme ; ornements bleus rehaussés
>   d'or.
> Composition et exécution par M. E. BELET.

380. Vase Œuf (2e grandeur).

> Fond vert ; décor en or et or relief.
> Composition et exécution par M. RÉJOUX.

381. Vase Étrusque (1re grandeur).

> Fond gris verdâtre : fleurs et ornements en peinture et repris en or pavots).
> Composition et exécution par M. LAMBERT.

382. Vase Étrusque.

> Fond turquoise.
> Socle et anses rubans en bronze doré.

383. Vase Étrusque.

> Fond blanc ; jasmins de Virginie et feuillage en peinture et émail jaune et bleu
>   turquoise ; ornements en émail et or.
> Composition et exécution par M. LAMBERT.

384. Vase Étrusque.

> Fond violet.
> Anses et socle en bronze doré.

385. Vase potiche A. B. (3e grandeur).

> Fond céladon ; décor en or et or relief.
> Composition et exécution par M. L. BELET.

386. Vase potiche A. B. (3e grandeur).

Fond blanc teinté ; fleurs et ornements en peinture, rehaussés d'or.
Composition et exécution par M. L. Belet.

387. Vase de la Vendange.

Fond blanc ; sujet en peinture : « La vendange ».
Composition et exécution par M. Legrain.

388. Vase Étrusque (1re grandeur).

Fond blanc ; fleurs en peinture (Iris) et ornements rehaussés d'or.
Composition et exécution par M. Gébleux.

389. Vase Œuf (2e grandeur).

Fond turquoise ; ornements en relief et gravure.
Composition par M. Fournier ; exécution par M. Gébleux.

390. Vase Œuf (2e grandeur).

Fond blanc ; fleurs en peinture ; ornements au pied et au collet, rehaussés d'or
Composition et exécution par M. E. Richard.

391. Vase Cordelier (4e grandeur).

Fond bleu ; décor en or et or relief.
Composition et exécution par M. Réjoux.

392. Vase de la Vendange.

Fond turquoise ; fleurs et ornements en peinture rehaussés d'or. (Chrysanthèmes et mûres).
Composition et exécution par M. Lambert.

393. Vase de la Vendange.

Fond turquoise ; fleurs et ornements en peinture repris en or. (Pivoines et
Azalées).
Composition et exécution par M. Lambert.

394. Vase de la Vendange.

Fond turquoise ; fleurs en peinture polychrôme, ornements rehaussés d'or.
Composition et exécution par M. E. Belet.

395. Vase de Bordeaux (2e grandeur).

Forme de M. MAYEUX.
Fond turquoise ; décor en peinture, rehaussé d'or.
Composition et exécution par M. Fournier.

396. Vase Œuf (3e grandeur).

Fond blanc teinté ; fleurs décoratives en peinture.
Composition et exécution par M. Bieuville.

397. Vase de Bordeaux (2ᵉ grandeur).

Forme de M. Mayeux.
Fond blanc teinté ; fleurs décoratives en peinture.
Composition et exécution par M. Bieuville.

398. Vase Œuf (3ᵉ grandeur).

Fond vert camélia ; filets d'or.
Anses en bronze.

399. Vase Stéphanus.

Forme de CARRIER-BELLEUSE.
Fonds divers ; ornements en gravure par M. Lucas.

400. Vases Boizot (rectifiés).

Fonds divers ; ornements en or et or relief, par MM. Ligué et Uhlrich.

401. Vases Saïgon (rectifiés, 1ʳᵉ grandeur).

Fonds divers ; ornements en gravure par M. Lucas.

402. Vases à Côtes torses.

Fonds divers : ornements en or et or relief, par M. Uhlrich

403. Vase Pongon.

Modèle de Peyre.
Fond vert ; filets d'or.

404. Vases Saïgon (rectifiés, 1ʳᵉ grandeur).

Fonds divers ; filets d'or.

405. Deux Bouteilles à rubans.

Fond bleu : filets d'or.

406. Quatre vases à côtes torses (2ᵉ grandeur).

Fonds divers ; filet d'or.

407. Bouteille Marquis.

Fond bleu ; filet d'or.

408. Sept vases à côtes torses (2ᵉ grandeur

Fonds divers ; filet d'or.

409. Vase Boizot (rectifié).

Fond turquoise ; filets d'or.
Socle en bronze.

410. Quatre vases Saïgon (rectifiés, 1ʳᵉ grandeur).

Fonds divers ; filets d'or et décor en gravure sous couverte.
Composés et exécutés par M. Lucas.

411. Vase Saïgon (rectifié, 1re grandeur).

Fond blanc ; décor turquoise et or, guirlandes de fleurs et rubans en peinture
Composition et exécution par M. Trager

412. Vase Saïgon (rectifié, 1re grandeur).

Fonds divers ; décor en or et or relief.
Composition et exécution par M. Ligué.

413. Plat rond.

Fond turquoise ; décor en gravure sous couverte.
Composition et exécution par M. Bonnuit.

414. Plat rond.

Fond turquoise ; décor dentelé en gravure sous couverte.
Composition et exécution par M. Bonnuit.

415. Plat rond F.

Fond céladon ; décor de chardons en gravure sous couverte.
Composition et exécution par M. Brécy.

416. Coupe de Strasbourg.

Fond bleu ; décor en or et or relief.
Composition et exécution par M. Jardel.

417. Cache-pot de Vélizy.

Fond turquoise ; ornements en gravure.
Composition et exécution par M. Drouet.

418. Service à thé Dimère.

Théière, pot à sucre, pot à crème, 2 tasses et soucoupes.
Décor de fleurs en peinture, repris en or et or relief.
Composition par M. Habert-Dys ; exécution par M. Bonnuit.

419. Service à dessert Peyre (festonné).

Jatte à fruits, plateau à gâteaux, compotier pied élevé, compotier pied bas,
sucrier.
Décor de fleurs en peinture, repris en or.
Composition de M. Habert-Dys ; exécution par M. Bonnuit.

420. Assiettes Peyre (festonnées).

Décor de fleurs en peinture, repris en or et or relief.
Composition par M. Habert-Dys ; exécution par M. Bonnuit.

421. Assiette plate.

Fleurs et ornements en peinture rehaussée d'or.
Composition et exécution de M. Lasserre.

422. **Tasse à café litron.**

> Fleurs et oiseaux en peinture ; filets d'or.
> Composition et exécution par M. TRAGER.

423. **Plat rond.**

> Fond vert ; ornements en gravure et en relief.
> Composition et exécution par M. BONNUIT.

424. **Vase Cordelier** (4ᵉ grandeur).

> Fond blanc ; fleurs et ornements polychrômes en peinture réhaussée d'or.
> Composition et exécution par M. H. LAMBERT.

MANUFACTURE NATIONALE DES GOBELINS.

La Manufacture a été fondée en 1662, sur la proposition de Colbert, sous le nom de *Manufacture Royale des Meubles de la Couronne*.

Elle renfermait des ateliers de tapisserie de haute et de basse-lisse, de broderie, d'ébénisterie, d'orfévrerie, de mosaïque de pierres dures et une fonderie. En **1694**, les ateliers furent officiellement fermés à cause de la pénurie du trésor. La fabrication des tapisseries seule, reprit en **1699** et continua depuis lors.

En 1825, les ateliers de basse-lisse furent transférés à Beauvais et remplacés aux Gobelins par les ateliers de tapis, dits de la Savonnerie, fondés au Palais du Louvre en 1605, puis établis à l'hospice de la Savonnerie, à Chaillot.

Jusqu'à la Révolution, les ateliers étaient conduits par des entrepreneurs; le Roi fournissait les matières premières et les modèles; il donnait aux tapissiers des primes, des pensions et le logement et entretenait les apprentis. Le prix du travail était réglé à forfait avec les entrepreneurs qui, à leur tour, payaient les tapissiers aux pièces, d'après des tarifs arrêtés par l'Administration.

Un directeur était placé à la tête de tous les services; des inspecteurs surveillaient les travaux.

Depuis la Révolution, la Manufacture, selon les régimes politiques, fit partie des listes civiles ou des établissements de l'État; il n'y eut plus d'entrepreneurs.

Les élèves se recrutent par la voie du concours; ils passent, après examen, dans les ateliers de fabrication comme apprentis, puis comme artistes tapissiers. Le personnel est soumis aux règles générales des administrations publiques; il a droit à la pension de retraite.

L'autorisation du Ministre est nécessaire pour la mise sur métier des tapisseries, pour la vente des pièces fabriquées et pour l'acceptation des commandes des particuliers; le produit de la vente est versé au Trésor.

Les ateliers travaillent, en vue de la décoration des édifices publics et des musées.

L'atelier de la Savonnerie ne fait plus de tapis de pied, mais des tentures au point de tapis.

L'atelier de teinture teint aussi les laines et les soies pour la Manufacture Nationale de Beauvais.

L'atelier de rentraiture fait la réparation des anciennes tapisseries appartenant à l'État.

Le budget de la Manufacture est de **231,520** francs par an.

PERSONNEL.

MM. GERSPACH, Administrateur.
GALLAND, Directeur des travaux d'Art.

LABORATOIRE SUPÉRIEUR DE RECHERCHES SUR LA THÉORIE ET LA CONSTITUTION DES COULEURS.

M. CHEVREUL, Membre de l'Institut, Directeur.

ATELIER DE TEINTURE.

MM. DECAUX, Directeur.
COURTOT, Sous-chef d'atelier.

ATELIERS DE HAUTE-LISSE.

MM. MUNIER, Chef d'atelier.
MALOISEL, Sous-chef.

ATELIER DE LA SAVONNERIE.

MM. BESSON, Chef d'atelier.
JACQUELIN, Sous-chef.

ATELIER DE RENTRAITURE.

M. LANDOIS, Sous-chef.

ÉCOLE PRATIQUE DES ARTS DÉCORATIFS APPLIQUÉS A LA TAPISSERIE.

MM. GALLAND, Directeur.
MAILLART, Professeur.
CLÉRET, Professeur.
TOURNY, Professeur de tapisserie.

ÉCOLE ÉLÉMENTAIRE DE DESSIN.

M. TOURNY, Professeur.

M. FAUVEL, Contrôleur, agent-comptable.

TAPISSERIES DE HAUTE-LISSE.

1 à 17. — Dix panneaux et sept dessus de porte destinés au Salon d'Apollon du Palais de l'Élysée, d'après M. P.V. Galland.

1. Pégase.

   Artistes tapissiers : MM. MALOISEL, sous-chef d'atelier ; FAVRE, DURUY (A).

2. Le poème héroïque.

   Artistes tapissiers : MM. FÉLIX, MALOISEL (Georges), CUNÉO.

3. Le poème satyrique.

   Artistes tapissiers : MM. HUPÉ, BAUMANN, DE BRANCAS.

4. Le poème lyrique.

   Artistes tapissiers : MM. FÉLIX, MALOISEL (G.), VACHER.

5. Le poème pastoral.

   Artistes tapissiers : MM. HUPÉ, DE BRANCAS.

6. Le trépied d'or.

   Artistes tapissiers : MM. LAVAUX, HOCHEID, CUNÉO.

7. Le Vase de porphyre.

   Artistes tapissiers : MM. FÉLIX, MALOISEL (G.), THUAIRE, BEAUBŒUF.

8. Le Vase de marbre.

   Artistes tapissiers : MM. HUPÉ, BAUMANN, KALHOFF.

9. Pilastre.

   Artistes tapissiers : MM. HUPÉ, FÉLIX.

10. Pilastre.

   Artistes tapissiers : FLAMENT, (E.), BOITON, PLISTAT.

11. Calliope.

   Artistes tapissiers : MM. ROUSSEAU, DURUY (L.).

12. Clio.

   Artiste tapissier : M. GIBIER.

13. Thalie.

Artiste tapissier : M. Michel.

14. Terpsichore.

Artiste tapissier : M. Pommeret.

15. Melpomène.

Artiste tapissier : M. Duruy (Clle).

16. Érato.

Artiste tapissier : M. Thuaire.

17. La Lyre.

Artistes tapissiers : MM. de Brancas, Urruty.

18. Henry IV.

Destiné à la galerie d'Apollon du Musée du Louvre, d'après M. P. V. GALLAND.

Artistes tapissiers : MM. Munier (F.), Sous-chef d'atelier, Lavaux, Pommeret Boiton, Baumann, Vacher.

19. La Filleule des Fées.

D'après M. MAZEROLLES. Bordure d'après M. P. V. GALLAND.

Artistes tapissiers : *Le Sujet :* MM. Vernet, Lavaux, Munier (F.), Flament (Edouard), Flament (Émile), Boiton, Plistat, Prat.

La Bordure : MM. Roudillon, Miot, Desroy, Mathieu.

20 à 23. — Trois panneaux destinés à la Bibliothèque nationale, d'après M. F. Ehrmann, lauréat du concours de 1880.

20. Les Lettres, les Sciences et les Arts dans l'antiquité.

Artistes tapissiers : *Le Sujet :* MM. Cochery (Justin), Duruy (Clle.), Thébault.
La Bordure : MM. Thébault, Cochery (Henri), Hocheid.

21. Le Manuscrit.

Artistes tapissiers : *Le Sujet :* MM. Michel, Gibier, Vacher.
La Bordure : MM. Perraud, Beaubœuf.

22. L'Imprimé.

Artistes tapissiers : *Le Sujet :* MM. Marie (Étienne), Marie (Paul).
La Bordure : MM. Kalhoff, Plistat.

23. L'Automne et l'Hiver.

D'après MM. Baudry, membre de l'Institut, pour les figures ; CHABAL-DUSSUR-GEY, pour les fleurs ; LAMBERT, pour les animaux ; DIETERLE, pour la composition générale.
Artistes tapissiers : MM. Cochery (Justin), Cochery (Henri).

24. La France.

D'après M. LENEPVEU, membre de l'Institut.
Artiste tapissier : M. Cochery (Justin).

25. Nymphe et Bacchus.

D'après M. Jules LEFEBVRE.
Artistes tapissiers : MM. Munier (F.), sous-chef d'atelier, Favre.

27 à 31. — Huit verdures destinées à l'escalier d'honneur du Palais du Sénat.

Bordures d'après M. M. DIETERLE.

27. Le Héron.

D'après J.J. BELLEL.
Artistes tapissiers : MM. Malousel, Sous-chef d'atelier, Durey (A.), Gimier.

28. L'Ara rouge.

D'après M. A. De CURZON.
Artistes tapissiers : *Le Sujet :* MM. Hupé, Félix.
La Bordure : MM. Thuaire, Vacher.

29. La Statue.

D'après M. P. FLANDRIN.
Artistes tapissiers : MM. Marie (Étienne), Houssaye, Prat, Marie (Paul)

30. Les Digitales.

D'après M. A. DESGOFFE.
Artistes tapissiers : MM. Pommeret, Ampenot, Mairet, Cunéo.

31. Le Faisan.

D'après M. LANSYER.
Artistes tapissiers : MM. Houssaye, Mairet, Vernet, Thuaire.

32. Les Cigognes.

D'après M. COLIN (Paul)
Artistes tapissiers : *Le Sujet :* MM. MARIE (Étienne), HOUSSAYE, HOCHEID, CUNEO.
La Bordure : MM. MORLET, BRULEFERT (G).

33. L'Ibis.

D'après M. MALOISEL (Émile).
Artistes tapissiers ; *Le Sujet :* MM. MALOISEL, Sous-chef d'atelier, MALOISE (Georges), PROVILLARD.
La Bordure : MM. AUCLAIR, MATHIEU, BEAUBŒUF.

34. Le Chevreuil.

D'après M. RAPIN.
Artistes tapissiers : *Le Sujet :* MM. BOITON, URRUTY, MAIRET, VACHER, BAUMANN.
La Bordure : MM. AUCLAIR, GANIER.

35. L'Innocence.

D'après M. BOURGEOIS (Urbain).
Artistes tapissiers : MM. LAVAUX, HOCHEID, THÉBAUT.

36. La musique champêtre.

D'après M. J. B. CHARDIN. *Bordure* d'après M. Ch. DURAND, avec des documents du XVIIIe siècle.
Artiste tapissier : M. ROUSSEAU (E).

37. La musique guerrière.

D'après M. J. B. CHARDIN. *Bordure* d'après M. Ch. DURAND, avec des documents du XVIIIe siècle.
Artiste tapissier : M. POMMERET.

TENTURES DE LA SAVONNERIE.

---

38 à 42. — Cinq panneaux destinés au Palais de l'Élysée, d'après M. Lameire.

38. La Guerre.

Artistes tapissiers : *Les Figures :* MM. BRULEFERT, LÉPINE.
L'Entourage : M. DUMANTEL.

39. La Marine.

Artistes tapissiers : *Les Figures :* MM. Tabellion, Deluzenne, Brulefert.
L'Entourage : M. Ampenot.

40. L'Industrie.

Artistes tapissiers : *Les Figures :* MM. Fillette, Aronio.
L'Entourage : M. Desclefs.

41. Les Sciences.

Artiste tapissier : M. Barat.

42. Les Arts.

Artiste tapissier : M. Jacquelin, Sous-chef d'atelier.

43. La Science.

Pièce d'une suite destinée à la Bibliothèque nationale, d'après MM. LAVASTRE, pour l'entourage et L. O. MERSON, pour les figures.
Artistes tapissiers : *Les Figures :* MM. Jacquelin, Sous-chef d'atelier. Sonveau, Mathieu.
L'Entourage : MM. Fromage, Malinet.

44 à 47. — Quatre écrans d'après Jacques, xviii° siècle.

44. Roses.

Artiste tapissier : M A. Prudhomme.

45. Œillets.

Artiste tapissier : M. Chaussey.

46. Roses.

Artiste tapissier : M. Brulefert.

47. Œillets.

Artiste tapissier : M. Jacquelin.

ÉCOLE DE TAPISSERIE.

TRAVAUX DES ÉLÈVES.

48.   *1re année.* — Teintes plates. — Passage d'une couleur dans une autre. — Ornements. — Draperies. — Fleurs.

49.   *2e et dernière année.* — Carnations : mains, pieds, bras, têtes.

REPRODUCTION D'ANCIENNES TAPISSERIES

50.   Tapisseries Coptes des premiers siècles de l'ère chrétienne.

51.   Tapisserie du XIe siècle.

52.   Fragment de la tapisserie des Saints Gervais et Protais, d'après Le Sueur. — Paris XVIIe siècle.

53.   Fragment d'une tapisserie, d'après Simon Vouet. — Paris XVIIe siècle.

MANUFACTURE NATIONALE DE BEAUVAIS.

NOTICE.

La manufacture de tapisseries de Beauvais date du règne de Louis XIV ; elle fut établie par un édit du Roi en 1664. Colbert voulut, par cette fondation, implanter en France un art dont jusqu'alors la Flandre avait le monopole.

Le premier privilège en fut concédé au sieur Louis Hynart, tapissier de Paris. Ses débuts ne furent pas heureux, et ce fut seulement sous la direction de son successeur, Béhagle, flamand d'origine, que la manufacture de Beauvais prit une véritable importance.

L'entrepreneur recevait chaque année, moyennant certaines conditions, des subventions de l'État ; il était tenu, entre autres obligations, de faire tisser annuellement une tapisserie destinée au Roi. Il ne pouvait exécuter des travaux pour les particuliers qu'avec l'autorisation royale, qui n'était jamais refusée ; dans la pensée des fondateurs, en effet, la nouvelle manufacture était destinée à répandre partout en France le goût de la tapisserie et du luxe qu'elle apporte dans l'ameublement.

Pendant longtemps, les manufactures des Gobelins et de Beauvais produisirent indistinctement le même genre de tapisseries. Aujourd'hui, chacune est renfermée dans son domaine spécial. La spécialité de Beauvais consiste en tapisseries pour meubles, canapés, causeuses, fauteuils, chaises, écrans et tabourets, feuilles de paravent, dessus de porte et panneaux de tenture décorative.

La tapisserie de Beauvais, dite tapisserie de basse-lisse, se fabrique à l'envers sur un métier horizontal, à peu près semblable à celui employé par les femmes. Les anciens métiers étaient en bois, mais, depuis une trentaine d'années, ils sont remplacés avec avantage par des métiers en fonte, qui offrent plus de solidité et surtout tiennent moins de place. Les métiers sont montés sur un axe pivotant, qui permet à l'artiste tapissier de basculer son ouvrage et de pouvoir ainsi se rendre compte, à l'endroit du tissu, de l'effet et de la bonne exécution de son travail.

Le tissu de la tapisserie, appelé chaîne, est formé de fils de coton cordonnés retors, tendus au moyen de rouleaux placés à chaque extrémité du métier ; la tension de la chaîne est telle que chaque fil qui la compose peut supporter séparément le poids d'un kilogramme. Deux pédales, placées sous le métier, mises en communication au moyen de petits nœuds liés avec chaque fil de la chaîne et manœuvrés alternativement par l'artiste tapissier, lui permettent d'ouvrir la chaîne et de faire sa passée ou duitée (la trame), c'est-à-dire de prendre avec ses couleurs (soie et laine), dévidées sur de petites navettes, les fils nécessaires à la reproduction du modèle qu'il veut imiter. L'emploi de la laine, dans la fabrication de la tapisserie, est limité aux ombres et aux demi-teintes ; les clairs et les rehauts sont en soie. L'artiste a toujours au-dessous de sa chaîne le décalque au trait ou au lavis du modèle qu'il reproduit ; ce dessin lui permet de se tenir, pour le contour des objets, dans la proportion exacte du modèle.

Les effets du coloris s'obtiennent par le mélange de deux tons réunis qui, employés avec d'autres tons également mélangés et combinés au moyen de la hachure, permettent d'obtenir tous les tons de la palette du peintre.

La direction de la manufacture de Beauvais compte des artistes éminents, et nous citerons particulièrement le plus célèbre, Oudry (Jean-Baptiste), peintre du Roi (Louis XV), et professeur de l'Académie de peinture, qui donna à cet établissement une célébrité qu'il a su conserver. Parmi les tapissiers, quelques-uns ont été de véritables artistes, leurs œuvres sont restées l'admiration des connaisseurs, et leurs noms, tissés en bas d'une tapisserie, en augmentent la valeur.

Les tapisseries s'exécutent actuellement dans quatre ateliers, dont l'un est particulièrement destiné aux élèves ; un chef d'atelier et quatre sous-chefs surveillent l'exécution artistique des travaux.

Les élèves tapissiers suivent, jusqu'à l'âge de vingt-cinq ans, les classes de dessin.

Depuis cinq années, une Commission a été instituée près de la Manufacture de Beauvais. Elle donne son avis sur les travaux à exécuter, sur les tapisseries terminées et sur les questions d'enseignement et du cours de dessin.

PERSONNEL.

MM. BADIN (Jules), Administrateur.
     FENET (Léon), Comptable.

Ateliers de Tapisseries.

MM. Desroy (Jules), Chef d'atelier.
     Lacroix (Adolphe), Sous-Chef d'atelier.
     Vérité (Pierre),   Id.   Id.
     Soufflier (Michel),   Id.   Id.
     Livier (Emile),   Id.   Id.

ARTISTES TAPISSIERS.

MM. Senau (Alfred), Beaucousin (Amédée), Lévêque (Charles), Mahu (Alexandre), Dérécusson (Alfred), Cantrel (Léon), Lévêque (Jules), Fontaine (Joseph), Lalonde (Eugène), Langlois (Edouard), Pinchon (Eugène), Mahu (Paul), Piot (Auguste), Roussel (Emile), Rohaut (Henry), Carbonnier (Paul), Livier (Edmond), Lécolle (Alexandre), Pruvot (Henri), Warin (Georges), Pécheret (Théodore), Dangoisse (Ernest), Boulie (Albert). Yvorel (Henri, Lévêque (Henri), Langlet (Octave), Cartier (Léon), Lormier (Henri).

ARTISTE DESSINATEUR.

M. Aimont (Florus).

ÉLÈVES TAPISSIERS

MM. Wikiéra (Georges), Pringuet (Henri), Hertault (Gaston). Leuillier (Jules), Cantrel (Alfred), Derécusson (Eugène), Daret (Léon). Huet (Henri).

ATELIER DE RENTRAITURE.

Mlles Lavadoux (Louise), Vérité (Louise), Vérité (Léontine), Rohaut (Marie).

MAGASINS.

M. Pérus (Alfred).

HOMMES DE SERVICE.

MM. Labeille, portier ; Panaget et Isenbock, hommes de service.

Écoles de la Manufacture.

PROFESSEUR DE L'ÉCOLE DE TAPISSERIE.

M. SOUFFLIER (Michel), Sous-Chef d'atelier.

PROFESSEURS DE L'ÉCOLE PROFESSIONNELLE.

MM. FEYTOU (Paul).
DESROY (Jules).

ÉLÈVES A L'ESSAI.

2e Année.

MM. Boullanger (Marius), Boutté (Georges).

1re Année.

MM. Duval (Georges), Haranger (Albert), Villain (Georges).

TAPISSERIES DE BASSE-LISSE.

---

1. Vase et Raisins.

D'après BAPTISTE MONNOYER.
Artiste tapissier : M. MAHU (Paul).

2. Vase, plat d'argent, singe, fleurs et fruits.

D'après BAPTISTE MONNOYER.
Artiste tapissier : M. FALLOU.

3. La Lice et sa compagne.

> D'après JEAN-BAPTISTE OUDRY.
> Artistes tapissiers : MM. SOUFFLIER, ROHAUT (Henry), PINCHON.

4. Perroquets, panier et oranges.

> D'après PHILIPPE ROUSSEAU
> Artiste tapissier : M. SOUFFLIER.

5. Panneau : Fond d'or.

> Copie d'un panneau de la Bibliothèque de l'Arsenal, par M. DESROY.
> Artiste tapissier : M. LACROIX.

6. Panneau.

> D'après GILLOT, par MM. DIÉTERLE (Charles) et DESROY.
> Artistes tapissiers : LÉVÊQUE (Jules), PINCHON, BOULIE.

7. Verdure.

> D'après M. MAISIAT.
> Artistes tapissiers : MM. MAHU (Alexandre), FONTAINE, DUCASTEL.
> Destinée à l'escalier d'honneur du Palais du Sénat.

8. Verdure.

> D'après M. PETIT.
> Artistes tapissiers : MM. LEFEBVRE, LÉVÊQUE (Charles), CANTREL.
> Destinée à l'escalier d'honneur du Palais du Sénat.

9. Verdure.

> D'après M. TONY-FAIVRE.
> Artistes tapissiers : MM. PINCHON, MAHU (Paul), ROHAUT (Henri).
> Destinée à l'escalier d'honneur du Palais du Sénat.

10. Verdure.

> D'après M\. ESCALIER.
> Artistes tapissiers : MM. SENAVE, BEAUCOUSIN, HERTAULT.
> Destinée à l'escalier d'honneur du Palais du Sénat.

11. Panneau des quatre saisons : Le Printemps.

> D'après M. FRANÇAIS.
> Artistes tapissiers : MM. VÉRITÉ, PIET, LÉVÊQUE (Henri)

12. Panneau des quatre saisons : L'Été.

> D'après M. FRANÇAIS.
> Artistes tapissiers : MM. LÉVÊQUE (Charles), LALONDE, LIVIER (Edmond), YVORE.

13. Panneau des quatre parties de la France : Le Nord.

> D'après M. BOURGOGNE.
> Artistes tapissiers : MM. SENAU, MAHU (Alexandre), LÉCOLLE.

14. Panneau des quatre parties de la France : L'Est.

D'après M. COLIN.
Artistes tapissiers : MM. LANGLOIS, ROUSSEL, ROHAUT.

15. Panneau des quatre parties de la France : L'Ouest.

D'après M. CESBRON.
Artistes tapissiers : MM. BEAUCOUSIN, FONTAINE, PRUVOT, LANGLET.

16. Panneau décoratif (Style Renaissance).

Sujet central : Mars et Vénus, d'après M. BADIN (Jules) ; bordures. d'après MM. GAUDEFROY et DESROY.
Artistes tapissiers : MAHU (Alexandre), FONTAINE.

17. Panneau décoratif (Style Renaissance).

Sujet central : Neptune et Amphitrite, d'après M. BADIN (Jules) ; bordures d'après M. DESROY et GAUDEFROY.
Artistes tapissiers : LACROIX, MAHU (Paul).

18. Panneau des oiseaux.

Sujet central : Un Flamant.
D'après M. GAUDEFROY ; ornements d'après OUDY, par M. DESROY
Artistes tapissiers : CANTREL, LIVIER (Edmond).

19. Panneau des chèvres.

D'après PHILIPPE ROUSSEAU.
Artistes tapissiers : LÉVÊQUE (Jules), CARBONNIER, PÉCHERET.

20. Panneau des cigognes.

D'après PHILIPPE ROUSSEAU.
Artistes tapissiers : LIVIER (Émile), DERÉCUSSON. DANGOISSE.

21. Panneau : Roses et feuillages.

D'après M. CHABAL-DUSSURGEY.
Artistes tapissiers : MM. PRÉJAN, DERÉCUSSON.

22. Panneau décoratif.

Titre : Manufacture Nationale de Beauvais.
D'après M. QUOST.
Artistes tapissiers : MM. CARTIER, LORMIER.

23. Panneau d'ornements.

Travaux des élèves.
Élèves tapissiers : CANTREL (Alfred), CARTIER, DARET, HUET.

24. Feuille de paravent.

Sujet central :
D'après MAZEROLLE.
Artiste tapissier : LACROIX.

25. Feuille de paravent.

Sujet central : Flore.
D'après MAZEROLLE.
Artiste tapissier : CANTREI

MEUBLES MONTÉS SUR BOIS.

---

26. Dossier de grand canapé : Couronne de roses.

D'après M. CHABAL-DUSSURGEY.
Artistes tapissiers ; LEFÈVRE, CANTREL.

27. Siége de grand canapé : Couronne de roses.

D'après M. CHABAL-DUSSURGEY.
Artistes tapissiers : VÉRITÉ, LEFÈVRE.

28. Dossier de Causeuse : Guirlande de fleurs.

D'après M. CHABAL-DUSSURGEY.
Artistes tapissiers : AIMONT, CARBONNIER.

29. Siége de causeuse : Guirlande de fleurs.

D'après M. CHABAL-DUSSURGEY.
Artistes tapissiers : LÉVÊQUE (Charles), MAHU (Paul).

30. Dossier de Fauteuil : fleurs.

D'après CHABAL-DUSSURGEY.
Artiste tapissier : ROHAUT.

31. Siége de Fauteuil : Fleurs.

D'après CHABAL-DUSSURGEY
Artiste tapissier : PIET.

32. Dossier de Fauteuil : Fleurs.

D'après CHABAL-DUSSURGEY.
Artiste tapissier : PRUVOT.

33. Siége de Fauteuil : Fleurs.

D'après CHABAL-DUSSURGEY.
Artiste tapissier : TILLEUL.

34. Écran de cheminée : Guirlande de fleurs.

D'après M. CHABAL-DUSSURGEY.
Artiste tapissier : MAHU (Alexandre).

35. Dossier de canapé : Fleurs des champs.

D'après CHABAL-DUSSURGEY.
Artistes tapissiers : MAHU (Alexandre), FONTAINE.

36. Siége de canapé : Fleurs des champs.

D'après CHABAL-DUSSURGEY.
Artistes tapissiers : LÉVÈQUE (Charles), LANGLOIS.

37. Dossier de canapé, dit de Don Quichotte.

D'après BAPTISTE MONNOYER et COYPEL.
Artistes tapissiers : PRÉJAN, LÉVÈQUE (Charles), DERÉCUSSON.

38. Siége de canapé, dit de Don Quichotte.

D'après BAPTISTE MONNOYER et COYPEL.
Artistes tapissiers : SOUFFLIER, LÉVÈQUE (Jules), PINCHON.

39. Écran de cheminée.

Médaillon d'après M. GÉROME.
Fleurs d'après M. CESBRON.
Artiste tapissier : LIVIER (Émile).

NOTA. — Le bois a été dessiné par M. DAUNET, architecte.
   (Les bois ont été exécutés, chez M. CRUCHET, sculpteur).

MANUFACTURE NATIONALE DE MOSAÏQUE.

La Manufacture a été fondée en 1876 en vue de la Mosaïque décorative et de la restauration des Mosaïques appartenant à l'État.

Aucun travail ne peut être entrepris sans l'autorisation du Ministre.

Le crédit annuel de la Manufacture est de 25,000 francs. Elle reçoit des élèves.

M. GERSPACH, Administrateur.

Porte monumentale.

D'après M. SÉDILLE, architecte, pour les dispositions générales et les ornements et M. L. O. MERSON, pour les figures. *La Céramique, la Tapisserie.*

Mosaïstes : *Les Figures :* MM. CHOISY, CIEUTAT, LOGER, DE ARMAS.

Les Ornements : MM. BADEUR, LAUDE, MONTAGNON.

Colonne, destinée à la Cour du Murier de l'École des Beaux-Arts en souvenir de la fondation Rougevin.

D'après M. COQUART, architecte, membre de l'Institut.

Mosaïstes : MM. CHOISY, MONVOISIN et les élèves.

www.ingramcontent.com/pod-product-compliance
Ingram Content Group UK Ltd.
Pitfield, Milton Keynes, MK11 3LW, UK
UKHW031824170726
13836UKWH00004B/1504